A+M.P. 1953

RAVENSBURGER

BILDER BIBEL

DAS NEUE TESTAMENT

ÜBERSETZT UND GESCHRIEBEN
VON JOSEF WEIGER
ILLUSTRIERT VON
ALICE UND MARTIN PROVENSEN

OTTO MAIER VERLAG · RAVENSBURG

INHALTSVERZEICHNIS

Veröffentlicht auf Grund eines Übereinkommens mit Golden Press Division of Western Publishing Co.

 Mit kirchlicher Druckerlaubnis. Rottenburg 1. März 1957. Dr. Hagen, Generalvikar.
13. Auflage · ISBN 3-473-35500-3

DIE PROPHEZEIUNG DES ISAIAS

DAS Volk, das im Finstern wandelt, schaut ein großes Licht; über denen, die in Finsternis und Todesschatten sitzen, geht ein großes Licht auf. . . .
Ein Kind ist uns geboren, ein Sohn ist uns geschenkt. Auf seinen Schultern ruht die Herrschaft und seinen Namen nennt man: Wunderbarer, Ratgeber, Gott, Starker, Vater der kommenden Weltzeit, Friedensfürst. . . .
Groß ist seine Herrschaft und des Friedens kein Ende. Auf dem Throne Davids wird er herrschen über sein Reich; er wird es stützen durch Recht und Gerechtigkeit von nun an bis in Ewigkeit.

DIE KINDHEIT JESU

MARIÄ VERKÜNDIGUNG

IN DEN TAGEN des Königs Herodes geschah es, sechs Monate, nachdem Gabriel Zacharias erschienen war, daß Gott seinen Engel nach Nazareth zu einer Jungfrau aus dem Hause David sandte; der Name der Jungfrau war Maria.

Der Engel sprach zu ihr: „Sei gegrüßt, Du Gnadenvolle, der Herr ist mit dir."

Das Wort verwirrte Maria und sie überlegte bei sich, was wohl der Gruß bedeute. Der Engel sah es und sprach zu ihr: „Fürchte dich nicht, Maria, denn du hast Gnade gefunden bei Gott. Siehe, du wirst empfangen und einen Sohn gebären, und seinen Namen Jesus heißen. Er wird groß sein und der Sohn des Allerhöchsten genannt werden, und er wird herrschen über das Haus Jakob auf ewig, und seines Reiches wird kein Ende sein."

Maria aber sprach zu dem Engel: „Wie wird das geschehen, da ich keinen Mann erkenne?" Und der Engel antwortete ihr und sprach: „Der Heilige Geist wird über dich kommen, und die Kraft des Allerhöchsten wird dich überschatten. Darum wird, was aus dir geboren wird, heilig sein, Sohn Gottes heißen. Sieh, Elisabeth deine Verwandte, auch sie hat in ihrem hohen Alter einen Sohn empfangen und dieser Monat ist der sechste für sie, die unfruchtbar heißt . . ." Maria aber sprach: „Sieh die Magd des Herrn, mir geschehe nach deinem Wort." Und der Engel schied von ihr.

In jenen Tagen nun machte sich Maria auf und ging eilig ins Gebirge, und sie kam in das Haus des Zacharias und grüßte Elisabeth.

DIE SELIGPREISUNG MARIAS

Hoch preiset den Herrn meine Seele
und mein Geist frohlockt in Gott meinem Heiland,
denn er hat angesehen die Niedrigkeit seiner Magd.
Siehe, von nun an werden mich selig preisen
alle Geschlechter,
denn Großes hat an mir getan, der mächtig
und dessen Name heilig ist;
und sein Erbarmen waltet von Geschlecht
zu Geschlechte
über denen, die ihn fürchten.
Mächtig waltet sein Arm,
er wirft weg die Hochmütigen in ihres
Herzens Sinn;
die Gewaltigen stürzt er vom Throne
und erhöht die Kleinen,
die Hungrigen erfüllt er mit Gütern,
die Reichen läßt er leer ausgehen;
er nimmt sich Israels an, seines Knechtes,
eingedenk seines Erbarmens,
wie er gesprochen hat zu unsern Vätern,
zu Abraham und seinen Nachkommen
auf ewig.

Maria blieb ungefähr drei Monate bei Elisabeth und kehrte dann nach Hause zurück.

DIE GEBURT CHRISTI

IN DEN TAGEN des Kaisers Augustus geschah es, daß eine allgemeine Zählung des Volkes angeordnet wurde. Dadurch sollte die Grundlage für eine neue Steuereinziehung geschaffen werden. Jeder mußte in seinen Geburtsort reisen, um sich dort eintragen zu lassen. Auch Josef und Maria reisten von Nazareth in Galiläa nach Bethlehem in Judäa, denn Josef war aus dem Geschlechte Davids.

Der Weg war weit, und als Maria und Josef in die Stadt Davids kamen, fanden sie keine Herberge mehr.

Während sie dort waren, erfüllten sich die Tage Marias, und sie gebar ihren erstgeborenen Sohn, wickelte ihn in Windeln und legte ihn in eine Krippe.

Um dieselbe Stunde hielten Hirten Nachtwache bei ihren Herden. Und ein Engel des Herrn stand vor ihnen, und die Herrlichkeit Gottes umleuchtete sie, und sie fürchteten sich sehr.

Der Engel aber sprach zu ihnen: „Fürchtet euch nicht, ich verkünde euch eine große Freude; euch und dem ganzen Volke. Heute ist euch in der Stadt Davids der Heiland geboren, welcher ist Christus der Herr. Und dies soll euch zum Zeichen sein: Ihr werdet ein Kind finden, das in Windeln gewickelt ist und in einer Krippe liegt."

Mit einmal aber war um den Engel von himmlischen Geistern ein ganzes Heer, die lobten Gott und sprachen: „Ehre sei Gott in der Höhe und auf Erden Friede den Menschen, auf denen Gottes Wohlgefallen ruht".

Und es geschah, als die Engel von ihnen weg in den Himmel aufgefahren waren, sprachen die Hirten zueinander:

„Laßt uns nach Bethlehem gehen und schauen nach

dem, was uns der Herr geoffenbart hat."

Und sie gingen eilends hin und fanden Maria und Josef, und das Kind in der Krippe liegend.

Als sie es aber sahen, taten sie kund, was ihnen von

diesem Kind gesagt worden war.

Und alle die es hörten, staunten über das, was die Hirten zu ihnen sagten.

Maria aber behielt alle diese Geschehnisse in ihrem Herzen.

Die Hirten kehrten wieder zurück, lobten Gott und priesen ihn für alles, was sie gesehen und gehört hatten, so, wie es ihnen gesagt worden war.

DARSTELLUNG IM TEMPEL

ALS ACHT TAGE um waren, wurde der Knabe beschnitten und sein Name Jesus genannt, wie er vom Engel vor der Empfängnis genannt wurde (Lk. 2, 21). (Die Beschneidung war das grundlegende Sakrament des alten Bundes. Durch die Beschneidung wurde der israelitische Knabe Glied seiner Glaubensgemeinschaft.

Die Beschneidung hat Josef vorgenommen. Er sprach dabei eine Segensformel diesen Inhalts: „Ich nehme Dich auf in den Bund, den Gott mit unserm Vater Abraham geschlossen hat.“ So ließ sich der Herr der Synagoge, ihr unsichtbares Haupt und ihr Führer durch Jahrhunderte, von Menschenhand einführen „in sein Eigentum“ [Joh. 1, 11]).

Vierzig Tage nach der Geburt des Kindes brachten Maria und Josef das Kind in den Tempel, um es vor den Herrn zu bringen. Denn alle männlichen Erstgeborenen waren nach dem Gesetz dem Herrn heilig und mußten durch ein Opfer losgekauft werden. Bei Armen bestand das Opfer in einem Paar Turteltauben oder in einem Paar junger Tauben.

In Jerusalem lebte ein alter gläubiger Mann, namens Simeon. Er wartete auf den Trost Israels; denn er wußte vom Heiligen Geiste, daß er den Erlöser einmal sehen werde.

Vom Heiligen Geist geleitet kam er in den Tempel, als Maria und Josef das Kind hereinbrachten.

Er ging auf sie zu, nahm das Kind auf seine Arme, pries Gott und sprach:

„Nun entlässest Du, o Herr, Deinen Diener nach Deinem Wort in Frieden, denn meine Augen haben Dein Heil gesehen, das Du vor dem Angesicht aller Völker bereitet hast, ein Licht zur Erleuchtung der Heiden und zur Verherrlichung Deines Volkes Israel.“

Sein Vater und seine Mutter staunten über solche Worte. Simeon aber segnete beide und sagte zu Maria: „Dieser dein Sohn ist bestimmt zum Fallen und Auferstehen vieler in Israel und zu einem Gotteszeichen, das Widerspruch finden wird, und dein eigen Herz wird ein Schwert durchdringen. Denn offenkundig werden soll, was in vieler Herzen vor sich geht.“

Als sie alles dem Gesetz des Herrn gemäß vollzogen hatten, kehrten sie nach Nazareth zurück.

Der Knabe wuchs heran und erstarkte in der Fülle der Weisheit, und Gottes Wohlgefallen ruhte auf ihm.

DER BESUCH DER WEISEN

NACH DER GEBURT Jesu in Bethlehem, in den Tagen des Königs Herodes, erschienen Weise aus dem Morgenland in Jerusalem und fragten: „Wo ist der neugeborene König der Juden? Wir haben seinen Stern im Morgenland gesehen und sind gekommen, ihm zu huldigen."

Als dem König das zu Ohren kam, erschrak er und ganz Jerusalem mit ihm. Herodes war ein gefährlicher und eifersüchtiger Mann und voller Mißtrauen; er fürchtete einen Anschlag auf seinen Thron. Die Stadt Jerusalem bangte um ihre Bürger.

Der König holte sich Rat bei den Hohenpriestern und Schriftgelehrten und erfuhr aus ihrem Munde, daß aus Bethlehem der große Fürst Israels kommen werde.

Dieses teilte Herodes den frommgläubigen Männern persönlich mit, aber heimlich, weil niemand erfahren sollte, was er mit den Weisen gesprochen habe.

Er bat sie nämlich, das Kind zu suchen und ihm zu sagen, wo es sei. Er wolle ihm auch huldigen.

Die fremden Männer dachten an nichts Böses und machten sich auf nach Bethlehem. Und siehe, der Stern, der sie beim Einzug in die Stadt Jerusalem verlassen hatte, begleitete sie wieder, und ihre Freude war groß. Der Stern stand stille über dem Haus, wo das Kind Jesus lebte.

Sie fanden das Kind mit Maria, seiner Mutter, fielen nieder und huldigten ihm. Sie öffneten ihre Schatzbehälter und brachten ihre Gaben: Gold, Weihrauch und Myrrhe.

DAS KIND JESUS AUF DER FLUCHT NACH ÄGYPTEN

Die Männer aus dem Morgenland erhielten von Gott im Traume die Weisung, auf einem anderen Weg in ihr Land zurückzukehren.

Auch Josef empfing im Traum den Befehl: „Steh auf, nimm das Kind und seine Mutter und fliehe nach Ägypten und bleibe dort, bis ich es dir sage."

Und Josef stand auf, nahm das Kind und seine Mutter bei Nacht und zog fort nach Ägypten. Dort blieb er, bis Herodes gestorben war.

Als Herodes in Jerusalem vergeblich auf die Rückkehr der Fremden gewartet hatte, geschah, was die Bewohner Jerusalems gefürchtet hatten. Vor Zorn und Argwohn ließ er alle Kinder in Bethlehem und Umgebung ermorden, die zwei Jahre und weniger alt waren. Er hatte nicht umsonst genau wissen wollen, wann der Stern den Weisen erschienen war.

Da erfüllte sich das Wort des Propheten Jeremias:

„Eine Stimme ward gehört in Rama,
Weinen und arges Wehklagen:
Rachel weint um ihre Kinder
und will sich nicht trösten lassen,
weil sie nicht mehr sind."

Sobald Herodes gestorben war, erschien der Engel des Herrn wieder dem Josef im Traume und sprach: „Nimm das Kind und seine Mutter und zieh in das Land Israel, denn diejenigen, die dem Kinde ans Leben wollten, sind gestorben."

Sogleich machte sich Josef mit dem Kinde und seiner Mutter auf den Weg nach dem Lande Israel.

Josef wollte wieder nach Bethlehem. Als er aber hörte, daß Archelaus an Stelle seines Vaters König in Judäa sei, wich er, gemäß einer göttlichen Weisung im Traume, nach Galiläa aus und ließ sich in Nazareth nieder.

So sollte das Wort des Propheten in Erfüllung gehen, wonach er ein „Nazarener" heißen werde.

DER KNABE JESUS IM TEMPEL

MARIA UND JOSEF besuchten Jahr für Jahr das Osterfest in Jerusalem. Mit zwölf Jahren zog der Jesusknabe zum ersten Male mit hinauf in die heilige Stadt. Nach dem Ablauf der festlichen Tage verließen Maria und Josef Jerusalem, nicht ahnend, daß Jesus im Tempel zurückgeblieben war. Da die Pilger gruppenweise reisten, vermuteten sie ihn bei den Bekannten und Verwandten aus Nazareth und erschraken zu Tode, als sie nach einer Tagreise ihn dort nicht fanden. Alles Nachfragen war vergeblich, und es blieb den Eltern Jesu nichts anderes übrig, als nach Jerusalem zurückzugehen.

Nach drei Tagen fanden sie Jesus mitten unter den Lehrern im Tempel, wie er ihnen zuhörte und sie fragte und sie durch seine Antworten in Erstaunen setzte. So fanden ihn Maria und Josef hochgestimmten Herzens, dem Alltag und der Heimat entrückt, sich verwundernd, daß sie ihn überhaupt gesucht hatten: „Warum habt ihr mich gesucht? Wußtet ihr nicht, daß ich in dem sein muß, was meines Vaters ist?“ (Lk. 2, 49). Sie verstanden aber nicht, was er meinte.

Maria aber dachte viel über diesen Besuch im Tempel nach. Sie nahm, was sie gehört und erlebt hatte zum Anlaß, dem Geheimnis ihres göttlichen Kindes durch Gebet und Nachdenken näher zu kommen.

Und Jesus zog mit seinen Eltern nach Nazareth hinab und war ein gehorsames Kind. Und wie es vom Knaben Samuel heißt (Sam. 2,26) nahm auch der Sohn Marias zu an Gnade und Weisheit bei Gott und den Menschen.

AM ANFANG SEINER WEGE . . .

DIE TAUFE JESU

IN DEN Tagen des Kaisers Tiberius erschien Johannes, des Zacharias Sohn, am Jordan und predigte Buße. Er trug ein Kleid von Kamelhaaren und einen Ledergurt um seine Lenden und lebte von Heuschrecken und wildem Honig. Viele Leute aus Judäa und dem Jordanlande suchten Johannes auf und fragten ihn: „Was sollen wir tun?“ Den Leuten aus dem Volke sagte er: „Wer zwei Röcke hat, gebe dem einen, der keinen hat, und wer Brot hat, tue desgleichen.“ Den Zöllnern sagte er: „Treibt nicht mehr an Steuern ein, als euch zusteht“; den Soldaten: „Erpreßt nicht, macht keine falschen Anklagen, begnügt euch mit eurer Löhnung.“

Er warnte davor, sich auf die leibliche Abstammung von Abraham zu verlassen: „Ich sage euch, aus Steinen kann Gott dem Abraham Kinder erwecken. Schon ist die Axt an die Wurzel der Bäume gelegt. Jeder Baum, der keine gute Frucht bringt, wird umgehauen und ins Feuer geworfen. Bringt würdige Früchte der Buße.“

Das Volk meinte, Johannes sei der Messias. Deswegen schickte die oberste Behörde Priester und Leviten aus Jerusalem zu ihm und ließ fragen, wer er sei. Johannes sagte: „Ich bin nicht der Messias.“ Sie fragten weiter: „Bist du Elias oder der verheißene Prophet?“. Er antwortete: „Nein“. Da drängten sie ihn: „ Wir müssen doch denen Antwort geben, die uns gesandt haben. Für wen gibst du dich aus?“ Da sagte Johannes: „Ich bin die Stimme des Rufenden in der Wüste: Bereitet den Weg des Herrn, wie der Prophet Isaias gesagt hat.“ Sie fragten ihn auch, mit welchem Recht er taufe, und Johannes antwortete: „Ich taufe nur mit Wasser. Aber mitten unter euch steht einer, den ihr nicht kennt, der nach mir kommt, der größer ist als ich, dessen Schuhriemen aufzulösen ich nicht würdig bin; der wird euch im Heiligen Geiste und mit Feuer taufen. Er hat die Wurfschaufel in seiner Hand und wird seine Tenne reinigen; das Korn wird er in seinen Scheuern sammeln, die Spreu aber verbrennen mit unauslöschlichem Feuer.“

Eines Tages stand unter den Vielen, die sich von Johannes taufen ließen, auch Jesus von Nazareth. Johannes wehrte sich dagegen, daß er Jesus taufen sollte und sprach zu ihm: „Ich sollte von Dir getauft werden und Du kommst zu mir?“ Doch Jesus sprach zu ihm: „Laß es gut sein. Es ziemt sich, jegliche Gerechtigkeit zu erfüllen.“

Als Jesus aus dem Wasser gestiegen war und betete, siehe, da öffnete sich der Himmel, und er sah den Heiligen Geist taubengleich auf sich niederfahren und eine Stimme vom Himmel sprach: „Du bist mein geliebter Sohn, an dem ich mein Wohlgefallen habe.“

DIE VERSUCHUNG IN DER WÜSTE

Als Jesus getauft war, trieb ihn der Geist des Herrn in die Wüste, und er weilte dort unter den wilden Tieren vierzig Tage und vierzig Nächte. Danach hungerte ihn.

Da kam der Satan, um ihn zu versuchen.

Zum ersten wollte er, daß Jesus aus den Steinen Brot mache, für sich selber ein Wunder tue. Der Herr wies ihn ab: „Der Mensch lebt nicht allein vom Brot, sondern von jedem Wort, das aus dem Munde Gottes kommt."

Dann stellte er an Jesus das Ansinnen, sich von der Zinne des Tempels auf das Pflaster zu stürzen, um dem erschrockenen und staunenden Volke zu zeigen, wer er sei.

Der Satan schlug vor Jesus die Schrift auf. Er wählte in dieser das Gebetbuch des alten Bundes und in ihm den Psalm des Gottvertrauens und im Psalm den allerschönsten Vers vom Schutz der heiligen Engel, um auf den Unbekannten in der Wüste Eindruck zu machen.

Jesus gab dem Versucher die Antwort aus dem selben heiligen Buche: „Du sollst den Herrn Deinen Gott nicht versuchen".

Am Ende gab der Satan Jesus das Versprechen, ihm die Weltherrschaft in die Hände zu spielen, wenn er ihm huldigen wolle.

Jesus kehrte sich ab von ihm mit den Worten: „Du sollst den Herrn, Deinen Gott, anbeten und ihm allein dienen."

Zuletzt hatte der Böse den Herrn auf einen hohen Berg geführt und ihm allen Reichtum der Welt gezeigt, um ihn zu locken. Jesus aber suchte nicht das Unserige, sondern uns. Er hat der Weltherrschaft das Kreuz vorgezogen.

JESUS WÄHLT SEINE JÜNGER

Als Simon Petrus das sah (den reichen Fischfang) fiel er Jesus zu Füßen und sprach: „Geh weg von mir, denn ich bin ein sündiger Mensch, Herr!"

Denn Staunen hatte ihn ergriffen und alle, die bei ihm waren, über den Fischfang, den sie gemacht hatten; ebenso den Jakobus und Johannes, die Söhne des Zebedäus, die Genossen des Simon waren.

Und Jesus sprach zu Simon: „Fürchte dich nicht! Von jetzt an wirst du Menschen fangen."

Und sie zogen ihre Schiffe ans Land, verließen alles und folgten ihm.

BERUFUNG DER ZWÖLF APOSTEL

Es war aber Andreas, der Bruder des Simon Petrus, einer von den beiden, die Jesus nachgegangen waren. Dieser traf zuerst seinen Bruder Simon und sagte zu ihm: „Wir haben den Meister gefunden!" Er führte ihn Jesus zu.

Jesus richtete sein Auge auf ihn und sprach: „Du bist Simon, der Sohn des Jonas, du sollst Kephas heißen (das heißt übersetzt Petrus [Fels])."

Am anderen Tag wollte er nach Galiläa gehen und fand Philippus.

Und Jesus sagte zu ihm: „Folge mir."

Philippus fand den Nathanael und sagte zu ihm: „Wir haben ihn gefunden, von dem Moses im Gesetze geschrieben hat und die Propheten, Jesus, den Sohn des Josef, aus Nazareth."

Nathanael aber sagte zu ihm: „Kann aus Nazareth etwas Gutes kommen?"

Philippus sagte zu ihm: „Komm und sieh!"

Jesus sah den Nathanael auf sich zukommen und sagte von ihm: „Sieh! In Wahrheit ein Israelit, in dem kein Falsch ist!"

Nathanael sagte zu ihm: „Woher kennst du mich?"

Jesus antwortete und sagte zu ihm: „Ehe Philippus dich rief, hatte ich dich unter dem Feigenbaum gesehen."

Da antwortete ihm Nathanael: „Du bist der Sohn Gottes, du bist der König von Israel."

Antwortete ihm Jesus und sprach zu ihm: „Weil ich dir gesagt habe, daß ich dich unter dem Feigenbaum gesehen habe, glaubst du? Du wirst Größeres sehen als dieses!"

Und er sprach zu ihm: „Wahrlich, wahrlich, ich sage euch, ihr werdet den Himmel offen sehen und die Engel Gottes auf- und niedersteigen über dem Menschensohn."

Und er stieg auf einen Berg und rief zu sich, die er wollte, und sie gingen zu ihm hin. Und er verfügte, zwölf sollten immer bei ihm sein, daß er sie aussende, und sie sollten Macht haben, die Dämonen auszutreiben.

Und er bestimmte die Zwölf: Und er legte dem Simon den Namen Petrus bei, und den Jakobus, den Sohn des Zebedäus, und Johannes, den Bruder des Jakobus, und er legte ihnen den Namen Boanerges bei, was Donnersöhne heißt, und Andreas und Philippus und Bartholomäus und Matthäus und Thomas und Jakobus, den Sohn des Alphäus, und Thaddäus und Simon den Kannäer, und Judas Iskariot, der ihn verriet.

Jesus zog sich mit seinen Jüngern an den See Genesareth zurück.

Viel Volk zog ihm nach aus Galiläa und Judäa, aus Jerusalem und Idumäa und aus dem Land jenseits des Jordan. Und aus den Gegenden von Tyrus und Sidon kamen sie in hellen Scharen zu ihm, als sie hörten, was Großes er wirkte.

Deshalb sagte er seinen Jüngern, man solle ihm der Volksmenge wegen ein Schiff bereit halten, daß sie ihn nicht vollends erdrückten.

Denn er heilte so viele, daß sie sich auf ihn stürzten, um ihn anrühren zu können, bei all ihren Gebresten.

Und die unreinen Geister, wie sie ihn sahen, stürzten vor ihm nieder und schrien und sprachen: „Du bist der Sohn Gottes!"

Er aber bedrohte sie mit heftigen Worten, sie dürften ihn nicht offenbar machen.

(Jesus wollte aus dem Munde der Dämonen kein Bekenntnis annehmen.

‚Auch die Teufel glauben und zittern' heißt es in der Schrift. Der Glaube der Hölle ist wertlos; dem Geist von Unten fehlt die Liebe, die Gottverbundenheit, die Gotteskindschaft. Das Bekenntnis des Dämons dringt nicht durch die Wolken; sein Glaube findet keine Stätte mehr im Himmel.)

DIE HOCHZEIT VON KANA

Zu Kana in Galiläa war eine Hochzeit und die Mutter Jesu war dabei. Auch Jesus und seine fünf Jünger waren zur Hochzeit geladen.
Als der Wein ausging, sagte die Mutter Jesu zu ihm: „Sie haben keinen Wein mehr.“ Jesus sagte zu ihr: „Was soll das mir und dir, Frau? Meine Stunde ist noch nicht gekommen.“

Da sagte die Mutter Jesu zu den Aufwärtern: „Was er euch sagt, das tut.“

Nun standen da sechs steinerne Wasserkrüge für die bei den Juden übliche Reinigung. Jesus sagte zu ihnen: „Füllet die Krüge mit Wasser.“ Sie füllten sie bis oben.

Er sagte zu ihnen: „Schöpft jetzt und bringt es dem Speisemeister.“ Sie brachten ihm.

Als aber der Speisemeister von dem Wasser kostete, das zu Wein geworden war, und nicht wußte, woher er sei — die Aufwärter aber, die von dem Weine geschöpft hatten, wußten es — da rief der Speisemeister den Bräutigam und sagte zu ihm: „Jedermann stellt zuerst den guten Wein auf und erst, wenn sie genug haben, den geringeren. Du aber hast den guten Wein bis jetzt aufbehalten.“

Diesen Anfang seiner Wunder machte Jesus zu Kana in Galiläa; und er offenbarte seine Herrlichkeit und seine Jünger glaubten an ihn.“

DER PROPHET IM VATERLAND

Eines Tages kam Jesus nach Nazareth. Der Ruhm war ihm vorausgeeilt. Seiner Gewohnheit gemäß ging er am Sabbat in die Synagoge.
Der Synagogenvorsteher reichte ihm das Buch des Propheten Isaias. Jesus rollte das Buch auf und las:

„Der Geist des Herrn ruht auf mir, weil er mich gesalbt hat, den Armen das Evangelium zu verkünden; er hat mich gesandt, den Gefangenen die Freilassung anzusagen und den Blinden, daß sie wieder sehen sollen, die Gebrochenen aufzurichten und ein Gnadenjahr vom Herrn auszurufen.“

Als Jesus das Buch zusammengerollt hatte, gab er es dem Synagogendiener zurück und setzte sich. Und aller Augen in der Synagoge waren auf ihn gerichtet.

Er aber fing an zu ihnen zu sprechen: „Heute hat sich diese Schriftstelle vor euren Ohren erfüllt.“

Alle gaben ihm das Zeugnis und staunten über die gnadenvollen Worte, die aus seinem Munde kamen und sagten: „Ist das nicht der Sohn Josefs?“

Er aber sprach zu ihnen: „Natürlich werdet ihr mir das Sprichwort entgegenhalten: ‚Arzt heile dich selbst‘; die großen Werke von denen wir gehört haben, daß sie in Kapharnaum geschehen sind, tu auch hier, in deiner Vaterstadt.“

Er aber sagte: „Wahrlich, ich sage euch, kein Prophet ist willkommen in seiner Vaterstadt. Der Wahrheit gemäß sage ich euch: Viele Witwen gab es in den Tagen des Elias in Israel, als der Himmel drei Jahre und sechs Monaten verschlossen war und eine große Hungersnot im ganzen Lande herrschte. Und zu keiner von ihnen ward Elisäus gesandt, nur zu einer Witwe von Sarepta, im Lande der Sidonier.

Und viele Aussätzige waren in Israel zur Zeit des Propheten Elias, und keiner von ihnen wurde geheilt, nur Naaman, der Syrer."

Da wurden alle in der Synagoge, die das hörten, voll Zorn; sie sprangen auf und stießen ihn aus der Stadt hinaus und führten ihn bis zum Rand des Berges, auf dem ihre Stadt gebaut war, um ihn hinunterzustürzen. Er aber schritt mitten durch ihre Reihen.

JESUS TREIBT TEUFEL AUS UND HEILT

UND ER STIEG hinab nach Kapharnaum, in eine Stadt in Galiläa, und lehrte sie an den Sabbaten. Und sie staunten über seine Lehre, denn sein Wort erging in Vollmacht.

In der Synagoge war ein Mann, den ein unreiner Geist in der Gewalt hatte, der schrie laut und sagte: „Was willst Du von uns, Jesus von Nazareth, bist Du gekommen, uns zu verderben? Ich weiß wer Du bist: Der Heilige Gottes!"

Jesus fuhr ihn an und sagte: „Verstumme und fahre aus!" Da schleuderte ihn der Dämon in die Mitte und fuhr aus von ihm, ohne daß er ihm das Geringste geschadet hätte.

Da fiel ein Schrecken auf alle, und sie sagten zueinander: „Was soll das bedeuten, daß er in Vollmacht und Kraft den unreinen Geistern gebietet und sie fahren aus?"

Und sein Ruf breitete sich aus nach allen Orten der Umgebung.

Aus der Synagoge kam Jesus in das Haus des Simon Petrus. Die Schwiegermutter des Simon hatte hohes Fieber, und sie baten ihn für sie. Da beugte er sich über sie und gebot dem Fieber, und es verließ sie. Sogleich stand sie auf und bediente sie.

Als aber die Sonne untergegangen war, brachten alle, die Kranke hatten mit vielerlei Leiden, diese zu ihm, und er legte ihnen die Hände auf und heilte sie.

Von vielen fuhren auch Dämonen aus und schrien und sagten: „Du bist der Sohn Gottes." Er aber fuhr sie an und ließ sie nicht reden, weil sie wußten, daß er der Christus sei.

Mit Tagesanbruch brach er auf und ging an einen einsamen Ort. Aber die Scharen suchten ihn und holten ihn ein und wollten ihn halten, daß er nicht von ihnen fortgehe.

Er aber sagte zu ihnen: „Ich muß auch anderen Städten das Evangelium vom Reiche Gottes verkünden; denn dazu bin ich gesandt."

JESUS HEILT, JESUS LEHRT

HEILUNG DES AUSSÄTZIGEN

Als sich Jesus einmal in einer Stadt aufhielt, begegnete er einem Mann, der ganz und gar vom Aussatz befallen war. Kaum, daß er Jesus sah, fiel er auf sein Angesicht und beschwor Jesus: „Herr, wenn Du willst, kannst Du mich rein machen."

Jesus streckte die Hand aus, berührte ihn und sprach: „Ich will, sei rein!", und im selben Augenblick wich der Aussatz.

Jesus wollte aber nicht, daß er seine Heilung ausposaune. Er erinnerte ihn daran, daß er sich von den Priestern die Heilung müsse bescheinigen lassen und das vorgeschriebene Opfer darbringen. (Jesus befahl ihm, eine Anordnung, die notwendig und vernünftig war, nicht außer Acht zu lassen.)

Aber das Wunder konnte nicht verborgen bleiben, und das Volk erschien in Massen. Jesus aber suchte einsame Stätten auf, um dort zu beten.

VERGEBUNG DER SÜNDEN

Eines Tages lehrte Jesus, und um ihn saßen Pharisäer und Gesetzeslehrer aus allen Ortschaften Galiläas und Judäas und Jerusalems, und soviel Leute waren zusammengekommen, daß sie nicht einmal vor der Haustüre genug Platz hatten.

Da wollten vier Männer einen Gichtbrüchigen zu Jesus bringen. Weil sie aber nicht durch die Volksmenge kamen, stiegen sie auf das Dach des Hauses, deckten das Dach ab und ließen die Tragbahre durch die Dachluke vor Jesus nieder.

Als Jesus ihren Glauben sah, sprach er zu dem Gichtbrüchigen: „Mein Kind, deine Sünden sind dir vergeben".

Die Schriftgelehrten hörten das und dachten bei sich: „Er lästert Gott; wer kann Sünden vergeben außer Gott allein?"

Jesus durchschaute sie und fragte: „Was denkt ihr in eurem Herzen? Was ist leichter zu sagen: Deine Sünden sind dir vergeben, oder: Steh auf, nimm deine Trage und gehe? Damit ihr aber seht, daß der Menschensohn Vollmacht hat, auf Erden Sünden zu vergeben" — sprach er zu dem Gichtbrüchigen: „Steh

JESUS BELEHRT DIE PHARISÄER

auf, nimm dein Bett und geh."

Sogleich erhob er sich, nahm die Trage, worauf er gelegen und ging, Gott preisend, davon.

HEILIGUNG DES SABBAT

An einem Sabbat ging Jesus durch die Kornfelder. Seine Jünger rupften Ähren und aßen sie. Einige Pharisäer regten sich auf, weil es am Sabbat nicht erlaubt sei, Ähren zu rupfen.

Jesus sagte zu ihnen, David und seine Begleiter seien sogar in das Haus Gottes gegangen und hätten die Schaubrote gegessen, als sie Hunger hatten, von denen sonst nur die Priester essen durften.

Und dann sagte er: „Der Menschensohn ist Herr auch über den Sabbat."

Und wieder an einem Sabbat lehrte er in der Synagoge. Dort war ein Mann, dessen rechte Hand abgestorben war. Die Pharisäer und Schriftgelehrten lauerten darauf, ob er wohl am Sabbat heilen würde.

Jesus durchschaute sie und hieß den Mann in die Mitte kommen.

Dann erhob er sich und fragte: „Soll man am Sabbat Leben retten oder vernichten?" Sie sagten gar nichts.

Da sah Jesus sie der Reihe nach voll Zorn an, tief betrübt über soviel Verstocktheit und sprach zu dem Krüppel: „Strecke die Hand aus." Und er konnte die Hand sogleich ausstrecken.

Die Pharisäer gerieten in Wut und überlegten, was zu tun sei.

GLEICHNIS VOM FASTEN

Er sagte ihnen auch ein Gleichnis: „Niemand reißt einen Flicken von einem neuen Kleid und näht ihn auf das alte Kleid: Sonst zerreißt er das neue, und der Flicken vom neuen paßt doch nicht auf das alte. Und niemand gießt jungen Wein in alte Schläuche; sonst wird der junge Wein die Schläuche sprengen, und er selbst läuft aus, während die Schläuche verderben; sondern den jungen Wein muß man in neue Schläuche gießen. Auch will niemand den neuen, solange er alten trinkt; denn er sagt: ‚Der alte ist milder'."

DES HERRN GROSSE LEHRE

Jesus zog in ganz Galiläa umher, lehrte in den Synagogen und verkündete das Evangelium vom Königreiche und heilte jede Krankheit und jedes Übelbefinden im Volke.

Und das Gerücht von ihm durcheilte ganz Syrien. Und sie brachten zu ihm alle, denen es schlecht ging und die mit den verschiedensten Krankheiten und Gebrechen behaftet waren und solche, die in der Gewalt von Dämonen waren und Mondsüchtige und Gelähmte, und er heilte sie.

Als nun Jesus das viele Volk sah, stieg er auf einen Berg, und als er sich gesetzt hatte, traten seine Jünger zu ihm, und er öffnete den Mund und sprach:

DIE ACHT SELIGPREISUNGEN

„Selig sind die Armen im Geiste,
denn ihrer ist das Himmelreich;
selig die da dulden,
denn sie werden das Erdreich in Besitz nehmen;
selig die Trauernden,
denn sie werden getröstet werden;
selig, die hungern und dürsten nach der Gerechtigkeit,
denn sie werden gesättigt werden;
selig, die Barmherzigen,
denn sie werden Barmherzigkeit empfangen;
selig, die ein reines Herz haben,
denn sie werden Gott schauen;
selig, die Frieden halten,
denn sie werden Kinder Gottes heißen;
selig, die Verfolgung leiden um der
Gerechtigkeit willen,
denn ihrer ist das Himmelreich;

selig seid ihr, wenn euch die Menschen schmähen und verfolgen und über euch lügen und euch alles Böse nachsagen meinetwegen; freuet euch und frohlockt, denn euer Lohn ist groß im Himmel; genau so haben sie die Propheten verfolgt, die vor euch gelebt haben."

DAS SALZ DER ERDE

Ihr seid das Salz der Erde. Wenn nun das Salz schal wird, womit soll man ihm seine Kraft zurückgeben? Es taugt zu weiter nichts, als hinausgeworfen und von den Menschen zertreten zu werden.

Ihr seid das Licht der Welt. Eine Stadt, die auf einem Berg liegt, kann nicht verborgen bleiben. Auch zündet man kein Licht an und stellt es unter den Scheffel, sondern auf den Leuchter, damit es allen leuchte, die im Hause sind.

So lasset euer Licht vor den Menschen leuchten, damit sie eure guten Werke sehen und euren Vater preisen, der im Himmel ist."

JESUS UND DAS GESETZ

Denkt nicht, ich sei gekommen, das Gesetz aufzuheben oder die Propheten, ich bin nicht gekommen sie aufzuheben, sondern sie zu erfüllen. Wahrlich, ich sage euch, bis Himmel und Erde vergehen, wird kein Jota und kein Häkchen vom Gesetze vergehen, bis alles geschehen ist.

Wer also eines von diesen kleinsten Geboten aufhebt und die Menschen nach seinem Sinne lehrt, wird der Geringste heißen im Königreich der Himmel; wer sie aber hält und lehrt, ein solcher wird groß heißen im Königreich der Himmel.

Denn ich sage euch: wenn eure Gerechtigkeit nicht mehr Überfluß hat als die der Schriftgelehrten und Pharisäer, so geht ihr nicht ein in das Königreich der Himmel."

VOM TÖTEN UND HASSEN

Ihr habt gehört, daß zu den Alten gesagt worden ist, du sollst nicht töten; wer tötet, wird dem Gerichte verfallen sein. Ich aber sage euch, daß jeder, der seinem Bruder auch nur zürnt, dem Gerichte verfallen wird. Wer aber zu seinem Bruder sagt: „Du Tor!" wird dem Gericht des Synedriums (des Hohen Rates) verfallen sein.

Wenn du also deine Gabe zum Altar bringst und dich dort erinnerst, daß dein Bruder etwas gegen dich hat, dann lasse deine Gabe dort vor dem Altar und,

wohlan, versöhne dich zuerst mit deinem Bruder, und dann erst komm, und opfere deine Gabe."

NICHT SCHWÖREN

Ihr habt gehört, daß zu den Alten gesagt worden ist, du sollst keinen Meineid schwören; du sollst vielmehr dem Herrn deinen Eid halten. Ich aber sage euch, ihr sollt überhaupt nicht schwören, weder beim Himmel, denn er ist der Thron Gottes, noch bei der Erde, denn sie ist der Schemel seiner Füße; noch bei Jerusalem, denn sie ist die Stadt des großen Königs; noch bei deinem Haupte sollst du schwören, denn du kannst auch nicht ein Haar weiß oder schwarz machen. Eure Rede soll sein Ja, Ja; Nein, Nein, und was darüber hinausgeht, ist vom Übel."

NICHT ZURÜCKSCHLAGEN

Ihr habt gehört, daß gesagt worden ist, Auge um Auge, Zahn um Zahn. Ich aber sage euch, ihr sollt dem Bösen keinen Widerstand leisten; vielmehr, so dich einer auf die rechte Wange schlägt, halte ihm auch die andere hin; und wenn einer mit dir um das Recht streiten und dir dein Untergewand nehmen will, dann laß ihm auch noch das Obergewand. Und wenn dich einer zu einer Meile zwingen will, gut, geh zwei mit ihm. Dem, der dich bittet, gib, und wenn einer von dir borgen will, wende dich nicht ab."

AUCH DIE FEINDE LIEBEN

Ihr habt gehört, daß gesagt worden ist, du sollst deinen Nächsten lieben und deinen Feind hassen. Ich aber sage euch, liebet eure Feinde und betet für die, welche euch verfolgen, damit ihr Söhne seid eures Vaters im Himmel, der seine Sonne aufgehen läßt über Böse und Gute und regnen läßt über Gerechte und Ungerechte. Denn, wenn ihr die liebt, die euch lieben, welchen Lohn erwartet ihr da? Tun das nicht auch die Zöllner? Und wenn ihr nur eure Brüder grüßt, was tut ihr da schon Besonderes? Tun das nicht auch die Heiden? Ihr sollt vollkommen sein, wie euer Vater im Himmel vollkommen ist."

VOM TUN IM VERBORGENEN

Hütet euch, eure Gerechtigkeit vor den Menschen zur Schau zu tragen, sonst habt ihr keinen Lohn bei eurem Vater, der im Himmel ist. Wenn du also Almosen gibst, trompete nicht vor dir her, wie die Heuchler tun in den Synagogen und auf den Straßen, damit sie von den Leuten gerühmt werden. Wahrlich, ich sage euch, sie haben ihren Lohn schon dahin. Du aber, wenn du Almosen gibst, soll deine linke Hand nicht wissen, was deine Rechte tut, damit dein Almosen im Verborgenen bleibe, und dein Vater, der im Verborgenen sieht, wird es dir vergelten."

DAS GEBET DES HERRN

Wenn ihr betet, sollt ihr nicht sein wie die Heuchler, denn sie lieben es, an den Straßenecken stehend zu beten, um von den Menschen gesehen zu werden. Wahrlich, ich sage euch, sie haben ihren Lohn schon dahin. Du aber, wenn du betest, geh in deine

Kammer und schließe die Türe zu und bete zu deinem Vater im Verborgenen, und dein Vater, der im Verborgenen sieht, wird es dir vergelten.

Wenn ihr betet, sollt ihr keine unnützen Worte machen wie die Heiden; denn sie meinen Erhörung zu finden, wenn sie viel Worte machen. Macht es ihnen nicht nach, denn euer himmlischer Vater weiß, was ihr braucht, ehe ihr ihn bittet.
So also sollt ihr beten:

VATER UNSER

Der Du bist im Himmel
Geheiligt werde Dein Name
Zu uns komme Dein Reich
Dein Wille geschehe
Wie im Himmel so auf Erden
Unser tägliches Brot gib uns heute
Und vergib uns unsere Schuld
Wie auch wir vergeben unsern
Schuldnern
Und führe uns nicht in Versuchung
Sondern erlöse uns von dem Bösen.
Amen.

„Wenn ihr den Menschen ihre Vergehen verzeiht, wird euer himmlischer Vater auch euch verzeihen. Wenn ihr aber den Menschen nicht verzeiht, wird euer Vater eure Sünden auch nicht verzeihen.“

RECHTE WAHL UND GESINNUNG

Sammelt euch nicht Schätze auf der Erde, wo sie Motten und Rost wegzehren und wo Diebe einbrechen und stehlen. Sammelt euch Schätze im Himmel, wo sie weder Rost noch Motten verzehren und wo Diebe weder einbrechen noch stehlen. Denn, wo dein Schatz ist, da ist auch dein Herz.

Die Leuchte des Leibes ist das Auge. Wenn nun dein Auge gesund ist, wird dein ganzer Leib im Lichte stehen; wenn aber dein Auge krank ist, wird dein ganzer Leib finster sein. Wenn also das Licht in dir Finsternis ist, die Finsternis — wie groß wird sie sein.

Niemand kann zwei Herren dienen, denn entweder wird er den einen zurücksetzen und den anderen vorziehen, oder er wird sich um den einen bemühen und den anderen verachten. Ihr könnt nicht Gott dienen und dem Mammon.“

SICH BEREIT HALTEN

Fürchte dich nicht, du kleine Herde, denn eurem Vater hat es gefallen, euch das Reich zu geben. Verkauft eure Habe und gebt Almosen! Schafft euch Geldbeutel, die nicht alt werden; einen unerschöpflichen Schatz im Himmel, an den kein Dieb herankommt, den keine Motte verdirbt. Denn, wo euer Schatz ist, dort wird auch euer Herz sein. Eure Lenden sollen umgürtet sein und eure Lampen brennend! Und ihr sollt Menschen gleichen, die auf ihren Herrn warten, wann er wohl von der Hochzeit heimkommt, damit sie ihm, wenn er kommt und klopft, sogleich öffnen. Selig jene Knechte, die der Herr, wenn er kommt, wachend findet. Wahrlich, ich sage euch, er wird sein Gewand schürzen und sie sich zu Tische lagern lassen und dazutreten und ihnen aufwarten. Und wenn er erst in der zweiten oder dritten Nachtwache käme und fände sie so: selig sind sie. Das aber seht ihr ein: Wenn der Hausherr wüßte, um welche Stunde der Dieb kommt, würde er nicht in sein Haus einbrechen lassen. So haltet auch ihr euch bereit, weil zu einer Stunde, da ihr es nicht vermutet, der Menschensohn erscheinen wird.“

WAS UNS DIE LILIE LEHRT

Sorgt nicht ängstlich für euer Leben, was ihr essen, und nicht für euren Leib, was ihr anziehen sollt. Ist nicht das Leben mehr als die Speise und der Leib mehr als die Kleidung? Schaut auf die Vögel des Himmels! Sie säen nicht, sie ernten nicht, sie sammeln nicht in die Scheunen und euer himmlischer Vater ernährt sie doch. Seid ihr nicht viel mehr als sie? Wer von euch könnte seinem Leben, wenn er sich darum sorgte, auch nur eine Elle zusetzen? Und was sorgt ihr euch um die Kleidung? Betrachtet die Lilien auf dem Felde, wie sie wachsen; sie arbeiten nicht und spinnen nicht. Ich sage euch, nicht einmal Salomon in all seiner Pracht war gekleidet wie eine von ihnen.

Wenn nun Gott das Gras auf dem Felde, das heute steht und morgen in den Ofen geworfen wird, also kleidet, wie viel mehr euch, ihr Kleingläubigen?

Darum sorgt euch nicht ängstlich und sagt nicht: ‚Was sollen wir essen, was sollen wir trinken, womit sollen wir uns bekleiden?‘ Denn nach dem allen verlangen die Heiden. Euer himmlischer Vater weiß doch, daß ihr das alles braucht. Trachtet zuerst nach dem Reiche Gottes und seiner Gerechtigkeit, und dies alles wird euch gegeben werden.

Sorgt euch nicht um den morgigen Tag, denn der morgige Tag hat seine eigenen Sorgen. Es genügt, daß jeder Tag seine Plage hat.“

NICHT DES ANDERN RICHTER SEIN

Richtet nicht, damit ihr nicht gerichtet werdet. Denn in dem richterlichen Urteil, mit dem ihr richtet, werdet ihr gerichtet werden, und mit dem Maß, mit dem ihr meßt, wird euch zugemessen werden.

Was siehst du den Splitter im Auge deines Bruders, den Balken in deinem Auge aber bemerkst du nicht?

Wie kannst du zu deinem Bruder sagen: ‚Laß mich den Splitter aus deinem Auge ziehen‘ und sieh, der Balken ist in deinem Auge?

Heuchler, ziehe zuerst den Balken aus deinem Auge, und dann magst du zusehen, daß du den Splitter aus dem Auge deines Bruders ziehst.“

BITTET UND IHR WERDET EMPFANGEN

Bittet und es wird euch gegeben werden, suchet und ihr werdet finden, klopfet an und es wird euch aufgetan werden. Denn jeder, der bittet, empfängt, und wer sucht, der findet, und wer anklopft, dem wird aufgetan.

Oder ist unter euch einer, der seinem Sohne, wenn er ihn um Brot bitten würde, etwa einen Stein hinreichte? Oder der, wenn er ihn um einen Fisch bitten würde, ihm etwa eine Schlange hinreichte?

Wenn nun ihr, die ihr böse seid, euren Kindern gute Gaben zu geben wißt, um wieviel mehr wird euer Vater im Himmel Gutes geben denen, die ihn bitten?“

DIE GOLDENE REGEL

Alles also, was ihr wollt, daß die Menschen euch tun, das tut ebenso auch ihnen; denn das ist das Gesetz und die Propheten.“

DIE ENGE PFORTE

Gehet ein durch die enge Pforte! Denn breit ist die Pforte und bequem der Weg, der ins Verderben führt, und viele sind es, die auf ihm hineingehen. Denn eng ist die Pforte und schmal der Weg, der zum Leben führt, und wenige sind es, die ihn finden.“

WIE EIN SENFKORN

Wem gleicht das Königreich Gottes und womit soll ich es vergleichen? Es gleicht einem Senfkorn, das ein Mann nahm und in seinen Garten legte, und es wuchs und wurde zu einem Baum, und die Vögel des Himmels wohnten in seinen Zweigen."

DAS HAUS AUF FELSENGRUND

Jeder nun, der diese meine Worte hört und sie befolgt, wird einem verständigen Mann gleichen, der sein Haus auf einen Felsen gebaut hat. Regengüsse gingen nieder, Fluten kamen, Winde bliesen und prallten an jenes Haus und es fiel nicht ein, denn es war auf den Fels gegründet. Jeder aber, der diese meine Worte hört und sie nicht befolgt, wird einem törichten Manne gleichen, der sein Haus auf Sand gebaut hat. Regengüsse gingen nieder, Fluten kamen, Winde bliesen und prallten an jenes Haus und es fiel, und sein Fall war groß."

Und es geschah, als Jesus diese Reden beendet hatte, gerieten die Scharen über seine Rede außer sich, denn er lehrte sie, wie einer, der Vollmacht hat.

DER REICHE BAUER

Er sagte ihnen auch ein Gleichnis und sprach: „Eines reichen Mannes Acker hatte viele Frucht getragen. Er ging mit sich zu Rate und sprach: ‚Was soll ich tun? Ich habe keinen Platz, meine Ernte unterzubringen.'

Und er sprach: ‚Folgendes will ich tun. Ich werde meine Scheunen niederreißen und größere bauen, dort werde ich die ganze Ernte und meine Güter unterbringen und zu meiner Seele sagen: ‚Seele, du hast viele Güter daliegen auf viele Jahre; ruhe dich aus, iß und trink und laß dir wohl sein.'

Gott aber sprach zu ihm: ‚Du Tor! In dieser Nacht wird man deine Seele von dir fordern; was du bereit gelegt hast, wem wird es gehören?'

So geht es jedem, der sich Schätze aufhäuft und nicht reich ist bei Gott."

VERZEIHUNG

Es bat ihn einer von den Pharisäern, daß er bei ihm speise. Und er kam in das Haus des Pharisäers und legte sich zu Tische nieder. Und siehe, ein Weib, die in der Stadt eine Sünderin war und erfahren hatte, daß er im Hause des Pharisäers zu Tische liege, brachte ein Salbenbüchschen mit wohlriechendem Öl, trat nach hinten an seine Füße heran unter Weinen und begann mit Tränen seine Füße zu benetzen und mit den Haaren ihres Hauptes abzuwischen, und sie küßte seine Füße und salbte sie mit dem Öl.

Als der Pharisäer, der ihn geladen hatte, das sah, dachte er bei sich selbst und sagte: „Wenn dieser ein Prophet wäre, so müßte er wissen, wer und was für ein Weib das ist, das ihn berührt, daß sie eine Sünderin ist."

Da wandte sich Jesus zu ihm und sprach: „Simon, ich habe dir etwas zu sagen."

Er antwortete: „Meister, sprich!"

„Ein Geldverleiher hatte zwei Schuldner. Der eine schuldete fünfhundert Denare, der andere fünfzig. Weil sie es aber nicht zurückerstatten konnten, schenkte er es beiden. Wer von ihnen wird ihn nun mehr lieben?"

Simon antwortete: „Ich vermute der, dem er mehr geschenkt hat." Er sprach zu ihm: „Du hast richtig geurteilt."

Und zum Weibe gekehrt, sprach er zu Simon: „Siehst du dieses Weib? Ich kam in dein Haus und du hast mir kein Wasser für die Füße gegeben, sie aber hat mit Tränen meine Füße benetzt und sie mit ihren Haaren getrocknet. Du hast mir keinen Kuß gegeben, sie aber hat, seit sie eingetreten ist, nicht aufgehört, meine Füße zu küssen. Du hast mein Haupt nicht mit Öl gesalbt. Sie aber hat meine Füße mit Öl gesalbt.

Darum, sage ich dir, sind ihr viele Sünden vergeben worden, weil sie viel geliebt hat. Wem aber wenig vergeben wird, der liebt auch wenig."

Und er sprach zu ihr: „Deine Sünden sind dir vergeben."

Da begannen die Tischgenossen bei sich zu sagen: „Wer ist dieser, daß er auch Sünden vergibt?"

Er aber sprach zum Weibe: „Dein Glaube hat dir geholfen. Geh hin in Frieden."

NIKODEMUS FRAGT NACH DEM HEIL

ES WAR ein Mann aus den Pharisäern mit Namen Nikodemus, ein führender Mann unter den Juden. Der kam zu Jesus bei Nacht und sagte zu ihm: „Rabbi, wir wissen, daß du von Gott gekommen bist als Lehrer. Denn niemand kann solche Zeichen tun, wie du sie tust, wenn nicht Gott mit ihm ist." Jesus antwortete und sprach zu ihm: „So sehr hat Gott die Welt geliebt, daß er seinen Sohn, den Einziggeborenen, für sie dahingab, damit die an ihn glauben, nicht verloren gehen, sondern ewiges Leben haben.

Denn Gott hat seinen Sohn nicht in die Welt gesandt, daß er die Welt richte, sondern daß die Welt durch ihn gerettet würde. Wer an ihn glaubt, wird nicht gerichtet; wer nicht glaubt, ist schon gerichtet, weil er nicht an den Namen des einziggeborenen Sohnes Gottes geglaubt hat.

Das ist das Gericht, daß das Licht in die Welt gekommen ist und die Menschen die Finsternis mehr geliebt haben als das Licht; denn ihre Werke waren böse."

DER SÄMANN

ALS VIEL Volk zusammenströmte und sie aus den Städten zu ihm eilten, sprach er zu ihnen durch ein Gleichnis: „Der Sämann ging aus, seinen Samen zu säen. Und wie er säte, fiel etwas auf den Weg daneben und wurde zertreten, und die Vögel des Himmels fraßen es.

Und anderes fiel auf den Felsen; aufgegangen verdorrte es, weil es keine Feuchtigkeit hatte.

Wieder anderes fiel mitten unter die Dornen, und die Dornen wuchsen mit heran und erstickten es.

Wieder anderes fiel auf das gute Land, und aufgegangen brachte es hundertfältige Frucht."

Als er das sagte rief er: „Wer Ohren hat zu hören, der höre."

Es fragten ihn aber seine Jünger, was dieses Gleichnis bedeuten solle.

Er sagte: „Euch ist es gegeben, die Geheimnisse des Königreiches Gottes zu verstehen; den anderen ist es nur in Gleichnissen gegeben, damit sie sehen und doch nicht sehen, hören und doch nichts vernehmen.

Das aber will dieses Gleichnis: Der Samen ist das Wort Gottes; die nebenan auf dem Wege sind die, welche es gehört haben. Dann kommt der Teufel und nimmt das Wort aus ihren Herzen, damit sie nicht glauben und gerettet würden.

Die auf dem Felsen sind die, welche das Wort, sobald sie es hören, mit Freuden aufnehmen. Aber sie haben keine Wurzel; sie glauben wohl eine Zeitlang, aber zur Zeit der Versuchung fallen sie ab.

Was aber unter die Dornen fiel, das sind die, welche das Wort gehört haben, aber dann gehen sie hin und werden von Sorgen und Reichtum und Leidenschaften erstickt und lassen es nicht reifen.

Das aber auf dem guten Land, das sind die, welche das Wort mit reinen und guten Herzen gehört haben und Frucht bringen in der Geduld."

DIE WAHREN VERWANDTEN JESU

Einmal wollten seine Verwandten zu ihm kommen, konnten aber vor lauter Volk nicht zu ihm gelangen.

Es wurde ihm gemeldet: „Deine Mutter und Deine Brüder stehen draußen und möchten Dich sehen."

Da gab er ihnen zur Antwort: „Meine Mutter und meine Brüder? Das sind die, die das Wort Gottes hören und tun."

HERR ÜBER WIND UND WELLEN

NUN GESCHAH es eines Tages, daß Jesus und seine Jünger in ein Boot stiegen und er sprach zu ihnen: „Wir wollen zum andern Seeufer hinüberfahren.“ Und sie stießen ab.

Während sie fuhren, schlief er ein. Und ein Sturmwind fuhr nieder auf den See; das Boot füllte sich mit Wasser, und sie gerieten in Gefahr. Da traten sie zu ihm und weckten ihn und riefen: „Meister, Meister, wir gehen zu Grunde.“ Jesus erwachte, gebot dem Wind und dem Wogengang, und sie hörten auf, und es herrschte Windstille. Da sprach er zu ihnen „Wo ist nun euer Glaube?“ Sie aber fürchteten sich und staunten und fragten einander: „Wer ist dieser, daß er den Winden und dem Wasser gebietet und sie gehorchen ihm?“

HERR ÜBER DIE DÄMONEN

Und sie fuhren in das Land der Gerasener, das Galiläa gegenüber liegt. Als er an das Land gestiegen war, ging ihm ein Mann aus der Stadt entgegen, der von Dämonen besessen war und seit langem kein Kleid mehr anzog, auch nicht mehr im Hause blieb, sondern in den Gräbern. Als er Jesus sah, schrie er auf und fiel vor ihm hin und rief mit lauter Stimme: „Was willst Du von mir, Jesus, Sohn des allerhöchsten Gottes? Ich bitte Dich, quäle mich nicht!“ Denn er hatte dem unreinen Geist befohlen, aus dem Menschen auszufahren. Schon seit langem hatte er ihn angefallen, er wurde mit Ketten und Fußfesseln gebunden und bewacht, aber er zerbrach die Fesseln und wurde vom Dämon an einsame Orte getrieben. Jesus fragte ihn: „Wie ist dein Name?“ Er antwortete: „Legion“, denn viele Dämonen waren in ihn gefahren. Und sie baten ihn, er möge ihnen ja nicht befehlen in den Abgrund zu fahren. Es war dort eine große Schweineherde, die auf dem Berge weidete. Und sie baten ihn, er möge ihnen erlauben, in die Schweine zu fahren; und er erlaubte es ihnen. Da fuhren die Dämonen von dem Menschen aus und fuhren in die Schweine, und die Herde jagte den Abhang hinunter in den See und ertrank. Als aber die Hirten sahen, was geschehen war, flohen sie und meldeten es in der Stadt und auf den Feldern. Da kamen die Leute heraus, um zu sehen, was geschehen war und kamen zu Jesus, und fanden den Menschen, von dem die Dämonen ausgefahren waren, bekleidet und sich wohlverhaltend zu den Füßen Jesu sitzen; und sie fürchteten sich. Die es gesehen hatten, erzählten ihnen, wie dem Besessenen geholfen worden war. Und das ganze Volk des Gebietes der Gerasener bat ihn, von ihnen fortzugehen, denn große Furcht hatte sie ergriffen. Er stieg ins Boot und fuhr zurück. Der Mann aber, aus dem die Dämonen ausgefahren waren, bat ihn, bei ihm bleiben zu dürfen. Er entließ ihn jedoch und sagte: „Kehre zurück in dein Haus und erzähle alles, was Gott an dir getan hat.“ Und er ging weg und verkündete in der ganzen Stadt, was Jesus an ihm getan hatte.

DIE TOCHTER DES JAIRUS

AUCH EIN Mann kam zu Jesus mit Namen Jairus; er war Synagogenvorsteher. Er fiel Jesus zu Füßen und bat ihn, in sein Haus zu kommen, denn sein einziges Kind, ungefähr zwölf Jahre alt, lag im Sterben. Während Jesus hinging, erdrückten ihn fast die Volksmassen.

Und eine Frau, die seit zwölf Jahren an Blutfluß litt und die von keinem Arzt geheilt werden konnte, trat von hinten an ihn heran und berührte die Quaste seines Kleides, und sogleich kam ihr Blutfluß zum Stehen.

Da sprach Jesus: „Wer hat mich angerührt?"

Da alle leugneten, sagte Petrus: „Meister, die Scharen drücken Dich und drängen."

Jesus aber sagte: „Es hat mich jemand angerührt, denn ich habe gemerkt, daß eine Kraft von mir ausgegangen ist."

Als die Frau sah, daß es nicht verborgen geblieben war, kam sie zitternd und fiel vor ihm nieder und erzählte vor allem Volk, warum sie ihn angerührt habe und wie sie sofort geheilt worden sei.

Er aber sprach zu ihr: „Meine Tochter! Dein Glaube hat dir geholfen, geh hin in Frieden."

Während er noch redete, kam einer zum Synagogenvorsteher und sagte: „Deine Tochter ist gestorben, belästige den Meister nicht weiter."

Als Jesus dies hörte, sagte er zu Jairus: „Fürchte dich nicht, glaube nur, so wird sie gerettet werden."

Als Jesus zum Haus kam, duldete er nicht, daß jemand mit ihm hineingehe außer Petrus, Johannes und Jakobus, dem Vater des Kindes und der Mutter. Es weinten alle und hielten Totenklage um sie.

Jesus aber sprach: „Weinet nicht! Sie ist nicht gestorben, sondern schläft nur."

Da lachten sie ihn aus, denn sie wußten, daß sie gestorben war. Er aber faßte ihre Hand und rief: „Kind, steh auf!"

Da kehrte ihr Geist zurück, und sie stand sogleich auf und er ordnete an: „Gebt ihr zu essen."

Ihre Eltern gerieten außer sich; er aber befahl ihnen, das Geschehene niemand zu sagen."

JESUS VERMEHRT BROTE

DIE APOSTEL kehrten zu Jesus zurück und berichteten ihm eingehend, was sie getan hatten. Und er nahm sie mit sich und zog sich mit ihnen für sich allein zurück in die Nähe einer Stadt mit Namen Bethsaida. Die Scharen aber hatten es gemerkt und folgten ihm. Er nahm sie an und sprach vom Königreich Gottes, und die der Heilung bedurften, machte er gesund.

Der Tag aber begann sich zu neigen. Da traten die Zwölf heran und sagten zu ihm: „Entlaß das Volk, damit sie in die umliegenden Dörfer und Gehöfte gehen und Einkehr und Verpflegung finden, denn wir sind hier in einer einsamen Gegend."

Er sprach zu ihnen: „Gebt ihr ihnen zu essen!"

Sie sagten zu ihm: „Wir haben nur fünf Brote und zwei Fische, wenn anders wir nicht hingehen und für das ganze Volk Lebensmittel kaufen." Es waren nämlich fünftausend Mann.

Da sprach er zu seinen Jüngern: „Lasset die Leute sich lagern in Abteilungen zu je fünfzig." Und sie machten es so und ließen sie alle sich lagern.

Er aber nahm die fünf Brote und zwei Fische, blickte zum Himmel auf, sprach den Lobpreis über sie, brach sie und gab sie den Jüngern, sie dem Volke vorzusetzen. Und sie aßen und wurden alle satt, und sie hoben die übriggebliebenen Brocken auf: Zwölf Körbe.

Danach entließ er sie und ging mit seinen Jüngern in die Gegend von Dalmanutha.

DIE SCHLÜSSEL DES HIMMELREICHS

Eines Tages fragte Jesus die Jünger: „Für wen halten die Leute den Menschensohn?" Sie sagten: „Die einen für Johannes den Täufer, andere für Elias, wieder andere für Jeremias oder einen aus den Propheten." Sagte er zu ihnen: „Ihr aber, wer sagt ihr, daß ich sei?"

Da antwortete Simon Petrus und sprach: „Du bist Christus, der Sohn des lebendigen Gottes."

Jesus antwortete ihm und sprach: „Selig bist du, Simon, Sohn des Jonas, dein Fleisch und Blut haben dir das nicht geoffenbart, sondern mein Vater, der im Himmel ist. Und ich sage dir: Du bist Petrus, und auf diesen Felsen will ich meine Kirche bauen, und die Pforten der Unterwelt werden sie nicht überwältigen. Ich werde dir die Schlüssel des Himmelreiches geben, und was du auf Erden bindest, soll auch im Himmel gebunden sein, und was du auf Erden lösest, soll auch im Himmel gelöst sein."

Dann mahnte er sie streng, sie sollten niemand sagen, daß er der Christus sei und sagte: „Der Menschensohn muß vieles leiden und von den Ältesten und Hohenpriestern und Schriftgelehrten verworfen und getötet werden und am dritten Tage auferstehen." Und er sprach zu allen: „Wer mir nachfolgen will, verleugne sich selbst und trage sein Kreuz Tag um Tag und folge mir. Wer sein Leben retten will, wird es verlieren; wer aber sein Leben verliert um meinetwillen, der wird es retten.

Was nützt es dem Menschen, wenn er die ganze Welt gewinnt, sich selbst aber zu Schaden bringt? Wer sich meiner und meiner Worte schämt, dessen wird sich auch der Menschensohn schämen, wenn er kommt in seiner Herrlichkeit und in der des Vaters und der heiligen Engel.

Ich sage euch in Wahrheit, es sind einige unter denen, die hier stehen, die den Tod nicht kosten werden, bis sie das Reich Gottes sehen."

DIE VERKLÄRUNG CHRISTI

Es begab sich aber ungefähr acht Tage nach diesen Worten, daß Jesus den Petrus und Jakobus und Johannes mit sich nahm und auf den Berg stieg, um zu beten.

Und es geschah, während er betete, änderte sich das Aussehen seines Gesichtes, und sein Gewand wurde strahlend weiß. Und sieh, zwei Männer unterredeten sich mit ihm: es waren Moses und Elias. Die erschienen in Herrlichkeit und sprachen mit ihm über seinen Tod, den er in Jerusalem vollenden sollte.

Petrus aber und die bei ihm waren, wurden vom Schlaf beschwert. Als sie erwachten, sahen sie seine Herrlichkeit und die beiden Männer, die mit ihm zusammenstanden.

Und es geschah, als sie sich von ihm trennen wollten, sprach Petrus zu Jesus: „Meister, es ist gut, daß wir hier sind. Wir wollen drei Hütten bauen, Dir eine, dem Moses eine und dem Elias eine" — er wußte nicht, was er sagte.

Während er das sagte, kam eine Wolke und beschattete sie. Sie fürchteten sich, als sie in die Wolke eingingen.

Und es kam eine Stimme aus der Wolke, die sprach: „Dieser ist mein Sohn, der Auserwählte, auf ihn hört." Und während sich noch die Stimme hören ließ, fand sich Jesus allein da.

Sie aber schwiegen und erzählten in jenen Tagen niemandem etwas von dem, was sie gesehen hatten.

GLAUBE WIE EIN SENFKORN

Als sie wieder zum Volke kamen, trat ein Mann auf ihn zu, warf sich vor ihm auf die Knie und sprach: „Herr, erbarme Dich meines Sohnes, er ist mondsüchtig, und es geht ihm schlecht, denn oft fällt er ins Feuer und oft ins Wasser. Ich habe ihn Deinen Jüngern gebracht und sie konnten ihn nicht heilen."

Jesus antwortete und sprach: „O ungläubiges und verkehrtes Geschlecht, wie lange noch soll ich bei euch sein? Wie lange euch noch ertragen? Bringt ihn her zu mir!"

Und Jesus bedrohte ihn, und der Dämon fuhr von ihm aus, und der Knabe war von jener Stunde an geheilt.

Als sie allein waren, traten die Jünger zu Jesus und sagten: „Warum haben denn wir den Dämon nicht austreiben können?"

Er aber sprach zu ihnen „Wegen eures geringen Glaubens. Wahrlich, ich sage euch, wenn ihr einen Glauben hättet wie ein Senfkorn, würdet ihr zu diesem Berge sagen ‚hebe dich von hier, dorthin' — er würde sich wegheben und nichts wäre euch unmöglich."

WIE DIE KINDER

In jener Stunde kamen die Jünger zu Jesus und fragten: „Wer ist denn der Größte im Himmelreich?" Und Jesus rief ein Kind herbei, stellte es in ihre Mitte und sagte: „Wahrlich, ich sage euch, wenn ihr euch nicht bekehrt und werdet wie die Kinder, so geht ihr nicht ein ins Himmelreich.

Wer sich also erniedrigt wie dieses Kind, der ist der Größte im Himmelreich. Und wer ein solches Kind aufnimmt in meinem Namen, der nimmt mich auf.

Wer aber eines von diesen Kleinen, die an mich glauben, verführt, dem wäre es besser, ein Mühlstein würde an seinem Halse aufgehängt und er würde versenkt in die Tiefe des Meeres.

Gebt acht, daß ihr keines von diesen Kleinen verachtet. Denn ich sage euch, ihre Engel schauen allezeit das Angesicht meines Vaters, der im Himmel ist."

ERNST DER NACHFOLGE

ALS SIE WEITERGEZOGEN auf dem Wege, sagte einer zu ihm: „Ich will Dir folgen wohin Du gehst." Jesus sprach zu ihm: „Die Füchse haben Höhlen und die Vögel des Himmels Nester, der Menschensohn hat nichts, wohin er sein Haupt lege." Zu einem anderen sagte er: „Folge mir!" Der aber sagte: „Erlaube mir, daß ich zuerst weggehe und meinen Vater begrabe." Er sagte ihm: „Laß die Toten ihre Toten begraben. Du aber geh hin und verkünde das Reich Gottes."

Wieder ein anderer sagte: „Herr, ich folge Dir! Nur erlaube mir vorher von meinen Angehörigen Abschied zu nehmen!"

Jesus sagte zu ihm: „Keiner, der die Hand an den Pflug gelegt hat und rückwärts schaut, ist für das Reich Gottes brauchbar."

SENDUNG DER JÜNGER

Danach ernannte der Herr zweiundsiebzig Jünger, und er sandte sie zu zweien vor sich her in jede Stadt und in jeden Ort, wohin er selbst im Begriff war zu kommen.

Er sprach aber zu ihnen: „Die Ernte ist groß, der Arbeiter sind wenige. Bittet daher den Herrn der Ernte, daß er Arbeiter in seinen Weinberg sende. Siehe, ich sende euch wie die Schafe mitten unter die Wölfe.

Tragt keinen Geldbeutel, keinen Reisesack, keine Sandalen; und grüßt niemanden auf dem Wege. Wenn ihr in ein Haus eintretet, sagt zuerst: ‚Frieden diesem Hause.' Und wenn dort ein Sohn des Friedens ist, wird euer Friede auf ihm ruhen; wenn aber nicht, wird er zu euch zurückkehren. Bleibt im gleichen Hause, eßt und trinkt, was sie haben; denn der Arbeiter ist seines Lohnes wert. Geht nicht von einem Haus ins andere.

Und wenn ihr in eine Stadt kommt und sie euch aufnehmen, so eßt, was euch vorgesetzt wird und heilt ihre Kranken und sprecht zu ihnen: ‚Nahegekommen ist euch Gottes Reich!'

Wenn ihr aber in eine Stadt kommt und sie nehmen euch nicht auf, dann geht hinaus auf ihre Straßen und sagt: ‚Sogar den Staub, der von eurer Stadt an unsern Füßen hängt, wischen wir euch ab. Indessen, das wisset, das Reich Gottes ist nahe herbeigekommen. Ich sage euch, Sodoma wird es an jenem Tag erträglicher ergehen als euch.' Wer euch hört, der hört mich, wer euch abweist, der weist mich ab; wer aber mich abweist, der weist den ab, der mich gesandt hat."

Jesus sagte: "Freut euch nicht darüber, daß euch die Geister untertan sind, freut euch vielmehr darüber, daß eure Namen im Himmel eingeschrieben sind."

DER BARMHERZIGE SAMARITER

SIEH, ein Gesetzeslehrer trat auf, um ihn zu verführen und sprach: „Meister, was muß ich tun, um das ewige Leben zu erben?" Jesus sprach zu ihm: „Was steht im Gesetze geschrieben? Wie liest du dort?" Er antwortete und sprach: „Du sollst den Herrn deinen Gott lieben, aus deinem ganzen Herzen, aus deiner ganzen Seele und aus aller deiner Kraft und mit deinem ganzen Denken; und deinen Nächsten wie dich selbst."

Da sagte Jesus zu ihm: „Du hast richtig geantwortet. Handle so und du wirst leben!"

Der Gesetzeslehrer aber wollte sich rechtfertigen und sagte zu Jesus: „Und wer ist mein Nächster?" Jesus nahm das Wort und sprach:

„Ein Mann ging von Jerusalem hinab nach Jericho

und fiel unter die Räuber. Die zogen ihn aus, schlugen ihn, gingen davon und ließen ihn halbtot liegen. Da traf es sich, daß ein Priester den gleichen Weg hinabging; er sah ihn und ging vorüber; desgleichen auch ein Levit, der an den Ort kam; er sah ihn und ging vorüber.

Ein Samariter, der auf der Reise war, traf auf ihn, sah ihn und wurde von Mitleid gerührt; er verband seine Wunden und goß Öl und Wein darauf. Dann setzte er ihn auf sein Reittier und brachte ihn zur Herberge und trug für ihn Sorge. Am andern Tag zog er zwei Denare heraus, gab sie dem Wirt und sagte: ‚Trage Sorge für ihn, und wenn du etwas darüber hinaus aufwenden mußt, so werde ich es dir ersetzen wenn ich zurückkomme!'

Wer von den dreien scheint dir der Nächste gewesen zu sein, von dem, der unter die Räuber gefallen war?"

Er antwortete: „Der, der Barmherzigkeit an ihm getan hat." Und Jesus sprach zu ihm: „Geh hin und tue desgleichen!"

MARIA UND MARTHA

WÄHREND sie ihre Straße zogen, kam Jesus in ein Dorf. Eine Frau mit Namen Martha nahm ihn in ihr Haus auf. Sie hatte eine Schwester, die Maria hieß; diese ließ sich zu Füßen des Herrn nieder und hörte auf sein Wort. Martha aber hatte angesichts der vielen Arbeit die Augen überall. Sie trat herzu und sagte: „Herr, kümmert es Dich gar nicht, daß mich meine Schwester bei der Arbeit allein läßt? Sage ihr doch, daß sie mit Hand anlege!"

Der Herr antwortete ihr und sprach: „Martha, Martha, du bist besorgt und beunruhigst dich vieler Dinge wegen. Eines nur tut not. Maria hat den guten Teil für sich erwählt, der wird ihr nicht weggenommen werden."

GLEICHNISSE DER BARMHERZIGKEIT

DAS VERLORENE WIEDERGEFUNDEN

Alle Zöllner und Sünder näherten sich ihm, um ihn zu hören. Da murrten die Pharisäer und Schriftgelehrten untereinander und sagten: „Er nimmt sich der Sünder an und ißt mit ihnen." Da sprach er zu ihnen dieses Gleichnis:

„Wer von euch, der hundert Schafe hat und eines davon verliert, läßt nicht die neunundneunzig in der Wüste und geht dem Verlorenen nach, bis er es findet.

Und wenn er es gefunden hat, nimmt er es voll Freude auf seine Schultern, und ruft seine Freunde und Nachbarn zusammen, und sagt zu ihnen: ‚Freuet euch mit mir, denn ich habe mein Schaf gefunden, das verloren war.' Ich sage euch, ebenso wird im Himmel Freude sein über einen einzigen Sünder, der Buße tut, mehr als über neunundneunzig Gerechte, die der Sinnesänderung nicht bedürfen."

„Oder welches Weib, das zehn Drachmen besitzt, zündet nicht, wenn es eine Drachme verliert, einen Leuchter an und kehrt das Haus aus und sucht eifrig, bis es die Drachme findet.

Und wenn es sie gefunden hat, ruft es die Freundinnen und Nachbarinnen zusammen und sagt: ‚Freuet euch mit mir, denn ich habe die Drachme gefunden, die verloren war.'

So, sage ich euch, herrscht Freude im Angesichte der Engel Gottes über einen einzigen Sünder, der anderen Sinnes wird."

DER VERLORENE SOHN

Ein Mann hatte zwei Söhne. Der Jüngere von ihnen sagte zum Vater: ‚Gib mir den Teil meines Vermögens, der mir zukommt.' Darauf teilte er unter sie sein Vermögen. Nicht lange darauf packte der jüngere Sohn seine Sachen zusammen und zog in ein fremdes Land und verschwendete dort sein Vermögen durch ein liederliches Leben. Als er alles verbraucht hatte, entstand in jenem Land eine große Hungersnot, und er fing an, Not zu leiden. Da ging er hin und schloß sich an einen Bürger jenes Landes an, und der schickte ihn auf seine Felder zum Schweinehüten. Er wäre froh gewesen, wenn er sich den Bauch hätte füllen können mit den Schoten, die die Schweine fraßen, aber niemand gab sie ihm. Da ging er in sich und sprach: ‚Wieviele Taglöhner meines Vaters haben Brot im Überfluß, und ich sterbe vor Hunger. Ich will mich aufmachen und zu meinem Vater gehen und ihm sagen: Vater, ich habe gesündigt wider den Himmel und vor dir, ich bin nicht wert, dein Sohn zu heißen; halte mich nur wie einen deiner Knechte.' Und er machte sich auf und ging zu seinem Vater. Als er noch weit entfernt war, sah ihn sein Vater und ward von Mitleid gerührt, lief ihm entgegen, fiel ihm um den Hals und küßte ihn. Da sprach der Sohn zu ihm: ‚Vater, ich habe gesündigt wider den Himmel und vor dir, ich bin nicht wert, dein Sohn zu heißen; halte mich nur wie einen deiner Knechte.' Der Vater aber sprach zu seinen Knechten: ‚Schnell, bringt das beste Kleid und zieht es ihm an. Gebt ihm einen Ring an seine Hand und Schuhe an seine Füße und bringt das Mastkalb, schlachtet es, und dann wollen wir essen und fröhlich sein, denn dieser mein Sohn war tot und ist wieder lebendig geworden; er war verloren und ist wieder gefunden worden.' Und sie fingen an, fröhlich zu sein.

Der ältere Sohn aber war auf dem Felde. Als er heimkam und sich dem Haus näherte, hörte er Musik und Tanz. Da rief er einen von den Knechten und erkundigte sich, was das zu bedeuten habe. Der aber sagte ihm: ‚Dein Bruder ist gekommen, und dein Vater hat das Mastkalb schlachten lassen, weil er ihn gesund zurückerhalten hat.' Da wurde er zornig und wollte nicht hineingehen.

Da kam der Vater heraus und drang in ihn. Er aber antwortete und sagte zum Vater: ‚Sieh, soviele Jahre diene ich dir, und noch nie habe ich dein Gebot übertreten. Aber noch nie hast du mir ein Zicklein gegeben, daß ich mit meinen Freunden hätte ein Freudenmahl halten können. Nun aber dieser dein Sohn, der sein Vermögen mit den Dirnen durchgebracht hat, heimkehrt, läßt du ihm das Mastkalb schlachten.'

Er aber antwortete ihm: ‚Kind, du bist doch immer bei mir und all das Meinige ist dein. Aber ein Freudenmahl mußte gehalten werden. Denn dieser dein Bruder war tot und ist wieder lebendig geworden; er war verloren und ist wieder gefunden worden'."

DER UNBARMHERZIGE KNECHT

PETRUS SPRACH zu Jesus: „Wie oft darf mein Bruder gegen mich sündigen und muß ich ihm vergeben; etwa siebenmal?"

Jesus sagte zu ihm: „Ich sage dir, nicht siebenmal, sondern siebenzigmal siebenmal. Deswegen gleicht das Himmelreich einem Könige, der mit seinen Knechten Abrechnung halten wollte. Als er mit der Abrechnung begonnen hatte, wurde ihm einer vorgeführt, der ihm zehntausend Talente schuldete. Da er aber nichts hatte, um die Schuld zurückzuzahlen, befahl der Herr, ihn zu verkaufen, seine Frau und seine Kinder und all seine Habe, zur Abdeckung der Schuld. Da bat ihn der Knecht kniefällig und sprach: ,Habe Geduld mit mir, ich will dir alles bezahlen.' Und es erbarmte sich der Herr jenes Knechtes, gab ihm die Freiheit und schenkte ihm die Schuld.

Als nun jener Knecht weggegangen war, traf er einen seiner Mitknechte, der ihm hundert Denare schuldig war; und er fiel über ihn her, würgte ihn und sprach: ,Bezahle, was du mir schuldig bist.' Sein Mitknecht fiel vor ihm nieder, flehte ihn an und sprach: ,Habe Geduld mit mir, ich will dir alles bezahlen.' Der aber wollte nicht und ging her und ließ ihn ins Gefängnis werfen, bis er die Schuld bezahlt hätte.

Als nun seine Mitknechte sahen, was da geschah, wurden sie sehr traurig, und sie kamen und erzählten ihrem Herrn alles, was vorgefallen war.

Auf das hin ließ ihn sein Herr rufen und sprach zu ihm: ,Du böser Knecht! Jene ganze Schuld habe ich dir nachgelassen, weil du mich gebeten hast. Hättest nicht auch du dich deines Mitknechtes erbarmen müssen, wie ich mich deiner erbarmt habe?'

Und sein Herr wurde zornig und übergab ihn den Folterknechten, bis er ihm die ganze Schuld bezahlt habe.

So wird auch mein himmlischer Vater euch tun, wenn ihr nicht ein jeder seinem Bruder von Herzen vergebt."

GLEICHNISSE VON DER GERECHTIGKEIT

DIE ARBEITER IM WEINBERG

DAS KÖNIGREICH der Himmel ist gleich einem Hausvater, der in aller Frühe ausging, um Arbeiter in seinen Weinberg zu dingen. Er kam mit den Arbeitern überein um einen Denar für den Tag und schickte sie in seinen Weinberg.

Und als er um die dritte Stunde kam, sah er andere müßig auf dem Markte stehen und sprach zu ihnen: ‚Geht auch ihr in meinen Weinberg; und ich will euch geben, was recht ist.' Sie gingen hin.

Und wieder ging er aus um die sechste und neunte Stunde und machte es ebenso.

Als er aber um die elfte Stunde ausging, fand er wieder andere dastehen und sagte zu ihnen: ‚Was steht ihr müßig den ganzen Tag?' Sie sagten: ‚Niemand hat uns gedungen.' Sagt er zu ihnen: ‚Geht auch ihr in meinen Weinberg.'

Als es Abend geworden war, sprach der Herr des Weinberges zu seinem Aufseher: ‚Rufe die Arbeiter und zahle den Lohn aus, so, daß du bei den Letzten

anfängst bis zu den Ersten.‘

Da kamen die von der elften Stunde und empfingen einen Denar. Dann kamen die ersten und meinten, sie würden mehr erhalten. Doch auch sie erhielten jeder einen Denar.

Als sie ihn erhielten, murrten sie gegen den Hausherrn und sprachen: ‚Diese da, die zuletzt kamen, haben nur eine Stunde gearbeitet, und du hast sie uns gleichgestellt, die wir die Last und die Hitze des Tages getragen haben.‘

Er aber antwortete einem von ihnen und sagte: ‚Freund, ich tue dir kein Unrecht. Bist du nicht mit mir um einen Denar übereingekommen? Nimm, was dein ist, und geh. Ich will aber diesen zuletzt Gekommenen das gleiche geben wie dir. Oder kann ich mit meinem Eigentum nicht tun, was ich will? Oder ist dein Auge böse, weil ich gut bin?‘

So werden die Letzten die Ersten sein und die Ersten die Letzten.“

DER ARME LAZARUS

Es war ein reicher Mann, der kleidete sich in Purpur und feine Leinwand und hielt alle Tage glänzende Mahlzeiten. Ein armer Mann, mit Namen Lazarus, lag an seiner Tür, mit Geschwüren bedeckt und wäre froh gewesen, wenn er sich hätte sättigen können mit dem, was vom Tisch des Reichen fiel. Sogar die Hunde kamen und leckten seine Geschwüre. Da starb der Arme und wurde von den Engeln in den Schoß Abrahams getragen. Aber auch der Reiche starb und wurde begraben.

Und als er in der Unterwelt, wo er in Qualen lag, seine Augen erhob, schaut er den Abraham von weitem und Lazarus in seinem Schoße. Da erhob er seine Stimme und rief: ‚Vater Abraham, erbarme dich meiner und schicke den Lazarus, daß er seine Fingerspitze ins Wasser tauche und meine Zunge kühle, denn ich leide großen Schmerz in diesen Flammen.‘ Abraham sprach: ‚Mein Kind, denke daran, du hast dein Gutes in deinem Leben empfangen und ebenso Lazarus Schlimmes. Nun wird er getröstet, du aber wirst gepeinigt. Und über dies ist zwischen uns und euch eine große Kluft, so daß die, die von hier zu euch hinübergehen wollten, gar nicht könnten und umgekehrt auch die von dort nicht zu uns herüberkommen.‘

Da sagte er: ‚So bitte ich denn, Vater Abraham, schicke ihn in das Haus meines Vaters, denn ich habe fünf Brüder, daß er sie beschwöre, daß nicht auch sie kommen an diesen Ort der Qual.‘ Abraham sprach: ‚Sie haben Moses und die Propheten, auf diese sollen sie hören.‘ Er aber sprach: ‚Nein, Vater Abraham. Aber wenn einer von den Toten zu ihnen käme, dann würden sie ihren Sinn ändern!‘

Abraham aber sagte zu ihm: ‚Wenn sie Moses und die Propheten nicht hören, werden sie auch nicht glauben, wenn einer von den Toten aufersteht.‘“

ZWEI BETER

Jesus sprach zu einigen, die davon überzeugt waren gerecht zu sein und die anderen verachteten, dieses Gleichnis:

„Zwei Menschen gingen hinauf in den Tempel, um zu beten. Der eine war ein Pharisäer, der andere ein Zöllner. Der Pharisäer stellte sich hin und betete also: ‚O Gott, ich danke dir, daß ich nicht bin wie die übrigen Menschen, Räuber, Ungerechte, Ehebrecher, oder auch wie dieser Zöllner da. Ich faste zweimal in der Woche und gebe den Zehnten von allem, was ich besitze.‘ Der Zöllner aber blieb hinten stehen und wagte die Augen nicht zum Himmel zu erheben, sondern er schlug an seine Brust und sprach: ‚Gott sei mir Sünder gnädig!‘

Ich sage euch: dieser ging gerechtfertigt nach Hause, jener nicht. Denn jeder, der sich selbst erhöht, wird erniedrigt werden; und jeder, der sich selbst erniedrigt, wird erhöht werden.“

ZACHÄUS

Jesus ging nach Jericho hinein und durchzog die Stadt. Und sieh, da kam ein Mann mit Namen Zachäus; er war Oberzöllner und reich. Er versuchte, Jesus zu sehen, wer er wäre, aber er konnte es nicht vor dem vielen Volk, denn er war klein von Gestalt. Darum lief er voraus und stieg auf einen Maulbeerfeigenbaum, um Jesus zu sehen, denn dort mußte er vorbeikommen.

Als Jesus zur Stelle kam, schaute er auf und sagte zu ihm: „Steige eilends herab, Zachäus, denn heute muß ich in deinem Hause einkehren.“ Und er stieg schnell herab und nahm ihn mit Freuden auf.

Und alle, die es sahen, murrten durcheinander und sprachen: „Bei einem Sünder ist er eingekehrt.“

Zachäus aber trat vor den Herrn und sagte: „Die Hälfte meines Vermögens, o Herr, gebe ich den Armen, und wenn ich einen übervorteilt habe, will ich es ihm vierfach zurückerstatten.“

Da sprach Jesus zu ihm: „Heute ist diesem Hause Heil widerfahren, denn auch er ist ein Sohn Abrahams. Denn der Menschensohn ist gekommen zu suchen und zu retten das Verlorene.“

JESUS WEISSAGT SEIN LEIDEN

Jesus schickte sich an, nach Jerusalem zu gehen, und er nahm die Zwölfe mit sich allein, und unterwegs sagte er zu ihnen: „Siehe, wir ziehen hinauf nach Jerusalem, und der Menschensohn wird den Hohenpriestern und Schriftgelehrten ausgeliefert werden, und sie werden ihn zum Tode verurteilen und ihn den Heiden überantworten, daß sie ihren Mutwillen mit ihm treiben, ihn geißeln und kreuzigen, und am dritten Tage wird er auferstehen."

DIE SÖHNE DES ZEBEDÄUS

Dann trat die Mutter der Söhne des Zebedäus mit ihren Söhnen herzu, fiel vor ihm nieder, um ihn um etwas zu bitten. Er aber sprach zu ihr: „Was willst du?"

Sie sagte zu ihm: „Sprich, daß diese meine beiden Söhne der eine zu Deiner Rechten, der andere zu Deiner Linken in Deinem Königreiche sitzen werden." Jesus aber antwortete und sprach: „Ihr wißt nicht, um was ihr bittet. Könnt ihr den Kelch trinken, den ich trinken werde?" Sie sprachen zu ihm: „Wir können es!"

Er sagte zu ihnen: „Meinen Kelch werdet ihr trinken; das Sitzen aber zu meiner Rechten oder Linken zu verleihen ist nicht meine Sache; es kommt denen zu, denen es von meinem Vater bereitet ist."

Als die zehn das hörten, wurden sie über die beiden Brüder unwillig. Jesus rief sie heran und sagte zu ihnen: „Ihr wisset, daß die Herrscher der Völker ein hartes Regiment über sie ausüben und die Großen ihnen Gewalt antun. Bei euch soll es nicht so sein. Vielmehr, wer unter euch groß werden will, soll euer Diener sein, und wer unter euch der erste sein will, der sei euer Knecht.

Denn der Menschensohn ist nicht gekommen, sich bedienen zu lassen, sondern zu dienen und sein Leben hinzugeben als Lösegeld für viele."

UNRUHE UM CHRISTUS

DAS BROT DES LEBENS

Jesus redete zum Volke und sprach: „Müht euch nicht ab um die Speise, die dem Untergang geweiht ist, sondern um die Speise, die ewig bleibt, die der Menschensohn euch geben wird."

Da sagten sie zu ihm: „Was für ein Zeichen tust Du, damit wir es sehen und Dir glauben? Was willst Du tun? Unsere Väter haben in der Wüste das Manna gegessen, wie geschrieben steht: ‚Brot vom Himmel gab er ihnen zu essen'."

Da sprach Jesus zu ihnen: „Wahrlich, wahrlich, ich sage euch, nicht Moses hat euch das Brot vom Himmel gegeben, sondern mein Vater gibt euch das wahrhaftige Brot Gottes, das vom Himmel herabkommt und der Welt Leben gibt."

Da sagten sie zu ihm: „Herr, gib uns immer dieses Brot."

Jesus aber sprach zu ihnen: „Ich bin das Brot des Lebens, wer zu mir kommt, den hungert nimmermehr; wer an mich glaubt, den dürstet niemals mehr."

Da murrten die Juden über ihn, weil er gesagt hatte, ich bin das Brot des Lebens, das vom Himmel herabgekommen ist, und sagten: „Ist dieser nicht Jesus, der Sohn Josefs, dessen Vater und Mutter wir kennen? Wie kann er nun sagen, ich bin vom Himmel herabgekommen?“

Jesus antwortete ihnen und sprach: „Murrt nicht gegeneinander. Wahrlich, ich sage euch, wer an mich glaubt, hat das ewige Leben. Ich bin das Brot des Lebens. Eure Väter haben das Manna in der Wüste gegessen und sind gestorben. Das hier ist das Brot, das vom Himmel herabgekommen ist, damit, wer davon ißt, nicht sterbe. Ich bin das lebendige Brot, das vom Himmel herabgekommen ist. Wenn einer von diesem Brote ißt, wird er leben in Ewigkeit. Das Brot, das ich geben werde, ist mein Fleisch für das Leben der Welt.“

Da stritten die Juden untereinander und sagten: „Wie kann uns dieser sein Fleisch zu essen geben?“

Jesus aber sprach zu ihnen: „Wahrlich, wahrlich, ich sage euch, wenn ihr das Fleisch des Menschensohnes nicht essen und sein Blut nicht trinken werdet, werdet ihr das Leben nicht in euch haben. Wer mein Fleisch ißt und mein Blut trinkt, hat das ewige Leben und ich werde ihn auferwecken am Jüngsten Tage.“

Viele von seinen Jüngern, die zugehört hatten, sagten: „Hart ist diese Rede, wer kann sie hören?“

Jesus wußte bei sich, daß seine Jünger darüber murrten. Er sprach zu ihnen: „Nehmt ihr daran Anstoß? Wenn ihr nun den Menschensohn dahin auffahren sehen werdet, wo er zuvor war? Der Geist ist's, der lebendig macht, das Fleisch nützt nichts. Die Worte, die ich zu euch geredet habe, sind Geist und Leben. Es sind aber einige unter euch, die nicht glauben.“

Deshalb traten viele seiner Jünger zurück und wandelten nicht mehr mit ihm.

Da sprach Jesus zu den Zwölfen: „Wollt etwa auch ihr weggehen?“

Simon Petrus antwortete ihm: „Herr, zu wem sollen wir gehen? Du hast Worte des ewigen Lebens!“

ZURÜCK NACH JUDÄA

Es war aber das Fest der Juden nahe, Laubhütten. Da sagten seine Brüder zu ihm: „Geh weg von hier und geh' nach Judäa, damit auch Deine Jünger die Werke sehen, die Du tust. Denn niemand handelt im Verborgenen und sucht zugleich in der Öffentlichkeit zu sein.“ Denn nicht einmal seine Brüder glaubten an ihn.

Jesus sprach zu ihnen: „Meine Zeit ist noch nicht da, eure Zeit liegt immer bereit. Euch kann die Welt nicht hassen, mich aber haßt sie, weil ich von ihr bezeuge, daß ihre Werke böse sind. Geht ihr hinauf zum Fest, ich aber gehe nicht hinauf zu diesem Fest, denn meine Zeit ist noch nicht erfüllt.“ Dieses sagte er und blieb in Galiläa zurück.

Als aber seine Brüder zum Feste hinaufgezogen

waren, da zog auch er hinauf, nicht öffentlich, sondern wie im Geheimen.

Die Juden nun suchten ihn auf dem Feste und sagten: „Wo ist er denn?“ Und es ging viel heimliches Gerede über ihn unter dem Volk. Die einen sagten, er ist gut, die andern dagegen nein, er verführt das Volk. Niemand freilich wagte seine Meinung über ihn laut zu sagen aus Furcht vor den Juden.

Um die Mitte des Festes stieg Jesus hinauf in den Tempel und lehrte. Die Juden wunderten sich über ihn und sagten: „Woher hat denn dieser seine Kenntnisse, da er keinen Unterricht gehabt hat?“ Jesus antwortete ihnen und sprach: „Meine Lehre ist nicht mein, sondern dessen, der mich gesandt hat.“

Da sagten einige Leute aus Jerusalem: „Ist das nicht der, den sie zu töten suchen? Und sieh, er redet öffentlich, und sie sagen ihm nichts. Die Führer werden doch nicht etwa in Wahrheit eingesehen haben, daß dieser der Christus ist? Von diesem da wissen wir, wer er ist. Wenn aber der Christus kommt, weiß niemand woher er ist.“

Darauf rief Jesus, der im Tempel lehrte, laut und sprach: „Ihr kennt mich und wißt, woher ich bin? Ich bin nicht von mir aus gekommen, sondern es ist ein Wahrhaftiger, der mich gesandt hat, den ihr nicht kennt.“

Daraufhin suchten sie ihn zu ergreifen, aber niemand legte Hand an ihn, denn seine Stunde war noch nicht gekommen.

Vom Volke aber glaubten viele an ihn und sagten: „Wenn Christus kommt, wird er größere Zeichen tun als dieser getan hat?“ Es hörten aber die Pharisäer, daß das Volk so über ihn sprach.

Da sandten die Hohenpriester und Pharisäer Diener aus, um ihn festzunehmen. Die Diener aber kamen zu den Hohenpriestern und Pharisäern zurück, und die sagten zu ihnen: „Warum habt ihr ihn nicht gebracht?“ Die Diener antworteten: „Noch nie hat ein Mensch so geredet wie dieser Mensch redet.“

Da erwiderten ihnen die Pharisäer: „Habt vielleicht auch ihr euch verführen lassen? Glaubt etwa einer von den Führern an ihn, oder einer von den Pharisäern? Nur dieser Haufe, der das Gesetz nicht kennt; verflucht sind sie.“

AM LETZTEN TAG DES FESTES

Am letzten Tag, dem Haupttag des Festes, stand Jesus da und rief laut: „Wenn jemand dürstet, der komme zu mir und trinke! Wer an mich glaubt, wie die Schrift sagt, aus dessen Schoß werden Ströme lebendigen Wassers fließen.“

Einige aus dem Volk, die die Worte gehört hatten, sagten: „Das ist wahrhaftig der Prophet!“ Andere sagten: „Er ist der Christus.“

Wieder andere sagten: „Der Christus kommt doch nicht aus Galiläa! Hat nicht die Schrift gesagt, daß der Christus aus dem Stamme Davids kommt, aus dem Dorfe Bethlehem, wo David lebte?“

Und so entstand im Volk eine Spaltung seinetwegen. Einige von ihnen wollten ihn festnehmen, aber niemand legte Hand an ihn.

DAS LICHT DER WELT

Wieder sprach Jesus zu ihnen und sagte: „Ich bin das Licht der Welt. Wer mir nachfolgt, wandelt nicht in Finsternis, sondern wird das Licht des Lebens haben.“

JESUS UND ABRAHAM

Euer Vater Abraham freute sich, daß er meinen Tag sehen sollte; er sah ihn und freute sich." Darauf sagten die Juden zu ihm: „Du bist noch nicht fünfzig Jahre alt und willst Abraham gesehen haben?" Jesus

sprach zu ihnen: „Wahrlich, wahrlich, ich sage euch, ehe denn Abraham ward, bin ich."

Da hoben sie Steine auf, um sie auf ihn zu werfen. Jesus aber verbarg sich und ging weg aus dem Tempel.

DER GUTE HIRTE

Ich bin der gute Hirte. Der gute Hirte gibt sein Leben für seine Schafe.

Der Mietling aber, der nicht Hirte ist, und dem die Schafe nicht gehören, sieht den Wolf kommen und läßt die Schafe im Stich und flieht — der Wolf raubt die Schafe und jagt sie auseinander — weil er eben ein Mietling ist und ihm an den Schafen nichts liegt.

Ich bin der gute Hirte und kenne die Meinen und die Meinen kennen mich, und ich gebe mein Leben für meine Schafe."

ICH BIN DER CHRISTUS

In Jerusalem war aber das Tempelweihfest. Es war Winter. Jesus ging im Tempel in der Halle Salomons umher. Da umringten ihn die Juden und sagten zu ihm: „Wie lange hältst Du uns noch in Spannung? Wenn Du der Christus bist, so sage es uns frei heraus." Jesus antwortete ihnen: „Ich habe es euch gesagt, aber ihr glaubt nicht. Die Werke, die ich vollbringe im Namen meines Vaters, die legen Zeugnis von mir ab . . . Ich und der Vater sind eins."

Da hoben die Juden wieder Steine auf, um ihn zu steinigen.

Jesus antwortete ihnen: „Viele herrliche Werke habe ich euch vom Vater gezeigt, wegen welchen Werkes wollt ihr mich steinigen?" Die Juden antworteten ihm: „Wir steinigen Dich nicht eines guten Werkes wegen, sondern um der Gotteslästerung willen, weil Du Dich selbst, der Du doch ein bloßer Mensch bist, zu Gott machst."

Jesus antwortete ihnen: „Wie sagt ihr zu dem, den der Vater geheiligt und in die Welt gesandt hat, du lästerst Gott, weil ich gesagt habe, ich bin der Sohn Gottes? Wenn ich nicht die Werke meines Vaters tue, so glaubt mir nicht. Wenn ich sie aber tue — wenn ihr auch mir nicht glaubt — so glaubt doch wenigstens meinen Werken, daß ihr einsehen lernt und erkennt, daß der Vater in mir ist und ich im Vater."

Da versuchten sie wieder ihn zu ergreifen; er entging jedoch ihren Händen.

Und er zog wieder weiter, jenseits des Jordans, an den Ort, wo Johannes zuerst getauft hatte, und blieb dort; und viele dort glaubten an ihn.

DIE AUFERWECKUNG DES LAZARUS

Es war aber einer krank, Lazarus von Bethanien, aus dem Dorf der Maria und ihrer Schwester Martha. Maria aber war diejenige, die den Herrn mit Myrrhe salbte und seine Füße mit ihren Haaren abtrocknete; deren Bruder war krank. Jesus aber liebte die Maria und ihre Schwester und den Lazarus.

Als er nun gehört hatte, daß Lazarus krank sei, blieb er noch zwei Tage an dem Orte, wo er war. Danach sagte er zu seinen Jüngern: „Wir wollen wieder nach Judäa gehen." Die Jünger aber sprachen zu ihm: „Erst vor kurzem haben die Juden versucht, Dich zu steinigen, und nun gehst Du wieder dorthin?"

Jesus sagte ihnen in aller Offenheit: „Lazarus ist gestorben, und ich freue mich um euretwillen, daß ich nicht dort gewesen bin, damit ihr glaubet. Nun aber wollen wir zu ihm gehen." Da sagte Thomas, der Zwilling genannt, zu seinen Mitjüngern: „Laßt uns gehen und mit ihm sterben!"

Als Jesus nun kam, fand er ihn schon vier Tage im Grabe liegen. Die Martha nun, als sie hörte, daß Jesus komme, ging ihm entgegen. Maria aber blieb zu Hause sitzen. Martha aber sprach zu Jesus: „Herr, wenn Du hier gewesen wärest, wäre mein Bruder nicht gestorben." Jesus sagte zu ihr: „Dein Bruder wird auferstehen!" Martha sagte zu ihm: „Ich weiß, daß er auferstehen wird am Jüngsten Tage."

Jesus sprach zu ihr: „Ich bin die Auferstehung und das Leben. Wer an mich glaubt, wird leben, auch wenn er stirbt, und jeder der lebt und an mich glaubt, wird nicht sterben in Ewigkeit. Glaubst du das?" Sie sagte zu ihm: „Ja, Herr, ich habe geglaubt, daß Du der Christus bist, der Sohn Gottes, der in diese Welt gekommen ist."

Nach diesen Worten ging sie fort und rief ihre Schwester Maria und sagte ihr heimlich: „Der Meister ist da und ruft dich!" Als sie das hörte, stand sie schnell auf und kam zu ihm.

Jesus war noch nicht ins Dorf hineingekommen, sondern weilte noch an dem Ort, wo ihm Martha begegnet war.

Als nun die Juden, die mit ihr im Hause waren und ihr Trost zusprachen, sahen, daß Maria schnell aufstand und fortging, folgten sie ihr, im Glauben, daß sie zum Grabe gehe, um dort zu weinen.

Als nun Maria dorthin kam, wo Jesus war, und sie ihn sah, fiel sie ihm zu Füßen und sprach zu ihm: „Herr, wenn Du hier gewesen wärest, wäre mein Bruder nicht gestorben."

Als nun Jesus sie weinen sah und die Juden weinen, die mit ihr gekommen waren, ward er bewegt in seinem Geiste und erschüttert und sprach: „Wo habt ihr ihn hingelegt?“ Sie sagten zu ihm: „Herr, komm und sieh!“ Jesus aber weinte.

Aufs Neue erregte sich Jesus und ging zum Grabe. Es war aber eine Höhle und ein Stein lag darauf.

Jesus sprach: „Hebt den Stein weg!“

Sprach zu ihm die Schwester des Verstorbenen, Martha: „Herr, er riecht schon. Es ist schon der vierte Tag.“

Sagt Jesus zu ihr: „Habe ich dir nicht gesagt, daß du, wenn du glaubst, die Herrlichkeit Gottes sehen wirst?“

Dann nahmen sie den Stein weg. Jesus aber hob seine Augen empor und sprach: „Vater, ich danke Dir, daß Du mich erhört hast! Ich wußte, daß Du mich allezeit erhörst. Aber um des anwesenden Volkes willen habe ich es gesagt, damit sie glauben, daß Du mich gesandt hast.“ Und als er dies gesagt hatte, rief er mit gewaltiger Stimme: „Lazarus, komm heraus!“

Da kam der Tote an Händen und Füßen mit Binden gewickelt heraus, und sein Gesicht war mit einem Schweißtuch umwickelt. Jesus sprach zu ihnen: „Macht ihn los, laßt ihn gehen.“

Viele nun von den Juden, die zu Maria gekommen waren und gesehen hatten, was Jesus getan hatte, glaubten an ihn. Einige von ihnen aber gingen zu den Pharisäern und sagten ihnen, was Jesus getan hatte.

VERFAHREN GEGEN JESUS

Die Hohenpriester und Schriftgelehrten versammelten den hohen Rat und sagten: „Was sollen wir tun? Dieser Mensch wirkt viele Zeichen. Wenn wir ihn so gehen lassen, werden alle an ihn glauben,und die Römer werden kommen und uns den Ort und das Volk wegnehmen.“

Einer aber von ihnen, Kaiphas, der Hohepriester jenes Jahres, sagte zu ihnen: „Ihr wißt nichts; ihr überlegt auch nicht, daß es besser für euch ist, wenn ein Mensch für das Volk stirbt, als daß das ganze Volk zugrunde geht.“

Das sagte er aber nicht aus sich selbst; sondern weil er Hoherpriester jenes Jahres war prophezeite er, daß Jesus für das Volk sterben werde, und nicht bloß für das Volk, sondern um die zerstreuten Kinder Gottes in eins zu sammeln. Da stand ihr Entschluß fest, Jesus zu töten.

Jesus bewegte sich nun nicht mehr öffentlich unter den Juden; sondern er ging von dort weg in die Gegend nahe der Wüste in eine Stadt, Ephraim geheißen, und blieb dort mit seinen Jüngern.

Es war aber das Fest der Juden nahe und viele vom Lande zogen schon vor dem Feste nach Jerusalem hinauf, um sich zu heiligen.

Sie suchten Jesus und sagten zueinander, im Tempel stehend: „Was meint ihr? Er kommt wohl gar nicht zum Feste?"

Es hatten aber die Hohenpriester und Pharisäer den Befehl gegeben, wenn einer erfahre, wo sich Jesus aufhalte, solle er es anzeigen, damit sie ihn festnähmen.

DAS MAHL IN BETHANIEN

Jesus kam sechs Tage vor Ostern nach Bethanien, wo Lazarus wohnte, den Jesus von den Toten auferweckt hatte. Sie bereiteten ihm nun dort ein Mahl und Martha bediente. Lazarus war aber einer von denen, die mit zu Tische lagen.

Da nahm Maria ein Pfund echter, teurer Nardensalbe und salbte die Füße Jesu und trocknete sie mit ihren Haaren. Das ganze Haus ward voll von dem Duft der Salbe. Es sagte aber Judas, der Iskariote, einer von seinen Jüngern, der ihn verraten sollte: „Warum hat man diese Salbe nicht um dreihundert Denare verkauft und den Erlös den Armen gegeben?" Das sagte er aber nicht, weil ihm an den Armen etwas gelegen gewesen wäre, sondern weil er ein Dieb war und die Kasse hatte und das Eingelegte beiseiteschaffte.

Darauf sagte Jesus: „Laßt sie doch, sie soll es für den Tag meines Begräbnisses getan haben. Denn die Armen habt ihr allezeit bei euch, mich aber habt ihr nicht mehr allezeit."

Eine große Menge der Juden erfuhr, daß er da war, und sie kamen nicht wegen Jesus allein; sie wollten auch den Lazarus sehen, den Jesus von den Toten erweckt hatte.

Da beschlossen die Hohenpriester, auch den Lazarus zu töten. Denn viele von den Juden gingen seinetwegen hin und glaubten an Jesus.

DEM GLORREICHEN ENDE CHRISTI

EINZUG IN JERUSALEM

ALS SICH JESUS und seine Jünger Jerusalem näherten und sie nach Bethpage am Ölberg kamen, schickte Jesus zwei Jünger fort und sagte ihnen:

„Geht in das Dorf, das vor euch liegt, und ihr werdet gleich eine Eselin angebunden finden und ein Füllen bei ihr. Bindet sie los und bringt sie mir! Und wenn jemand etwas zu euch sagt, so sollt ihr sagen: Der Herr bedarf ihrer und er schickt sie sofort wieder."

Das aber ist geschehen, damit sich erfülle was gesagt worden ist durch den Propheten, der da spricht:

‚Saget der Tochter Sion:
Siehe, dein König kommt zu dir,
sanftmütig, sitzend auf einer Eselin,
dem Füllen eines Zugtieres.'

Die Jünger aber gingen hin und taten, wie Jesus ihnen aufgetragen hatte und brachten die Eselin und das Füllen und legten ihre Kleider darüber, und er

ENTGEGEN

setzte sich darauf.

Sehr viele vom Volk breiteten ihre Kleider auf dem Wege aus, andere hieben Zweige von den Bäumen und streuten sie auf den Weg. Die Scharen aber, die vorausgingen, und andere, welche folgten, schrien laut und riefen:

„Hosanna, dem Sohne Davids! Gepriesen sei, der da kommt im Namen des Herrn! Hosanna in der Höhe!"

Und als er in Jerusalem einzog, geriet die ganze Stadt in Aufregung und sie sagten: „Wer ist doch dieser?" Die Volksscharen aber sagten: „Das ist der Prophet Jesus von Nazareth aus Galiläa."

Und Jesus trat in den Tempel ein, und er warf die Käufer und die Verkäufer im Heiligtum hinaus, und die Tische der Geldwechsler stieß er um und die Sitze der Taubenhändler, und er sprach zu ihnen: „Es steht geschrieben: ‚Mein Haus wird ein Haus des Gebets heißen', ihr aber habt es zu einer Räuberhöhle gemacht."

Während er gerade lehrte, traten die Hohenpriester und Ältesten an ihn heran und sagten:

„In wessen Vollmacht tust Du dies, wer hat Dir das Recht dazu gegeben?"

Und es kamen zu ihm Blinde und Lahme im Tempel und er heilte sie.

Als aber die Schriftgelehrten und Pharisäer die Wunder sahen, die er wirkte, und hörten, wie die Kinder im Tempel riefen und sagten: „Hosanna, dem Sohne Davids!" da wurden sie ungehalten und sagten zu Jesus: „Hörst Du, was diese sagen?"

Jesus aber antwortete ihnen: „Ja, habt ihr niemals gelesen: ‚Aus dem Munde der Kinder und Säuglinge hast Du Dir Lob bereitet?'"

Er ließ sie stehen und ging aus der Stadt nach Bethanien und brachte dort die Nacht zu.

Am andern Tag, als eine große Menge Volkes zum Fest gekommen war und hörte, daß Jesus nach Jerusalem komme, ergriffen sie Palmzweige und gingen ihm entgegen und riefen: „Hosanna! Gepriesen sei, der da kommt im Namen des Herrn, der König von Israel!"

Und Jesus fand ein Eselchen und setzte sich darauf, wie geschrieben steht:

‚Fürchte dich nicht, Tochter Sion,
siehe, dein König kommt,
sitzend auf dem Füllen einer Eselin.'

Seine Jünger verstanden zunächst nicht, was das zu bedeuten habe. Erst als Jesus verherrlicht war, erinnerten sie sich, daß das von ihm geschrieben stand und sie es ihm getan hatten.

Die Volksmenge aber, die bei ihm war, bezeugte, daß Jesus den Lazarus aus dem Grabe gerufen und ihn von den Toten auferweckt hatte. Deswegen ging ihm auch die Volksmenge entgegen, weil sie gehört hatte, daß er dieses Zeichen gewirkt habe.

Die Pharisäer jedoch sagten unter sich: „Ihr seht, alles hat keinen Wert, die ganze Welt ist ihm entgegengelaufen."

DER UNFRUCHTBARE FEIGENBAUM

Als Jesus frühmorgens in die Stadt kam, hungerte ihn.

Und er sah einen einzigen Feigenbaum am Wege, und er ging auf ihn zu, und er fand nichts an ihm als nur Blätter und sagte zu ihm:

„Niemals in alle Ewigkeit soll von dir Frucht kommen." Und auf der Stelle wurde der Feigenbaum dürr.

Als die Jünger das sahen, wunderten sie sich und sagten: „Wie ist doch urplötzlich der Feigenbaum verdorrt!"

Jesus antwortete ihnen und sprach: „Wahrlich, ich sage euch: Wenn ihr Glauben hättet und nicht zweifeln würdet, würdet ihr nicht bloß das mit dem Feigenbaum machen; wenn ihr zu diesem Berge sagen würdet: ‚Hebe dich und stürze dich ins Meer' — es würde geschehen.

Und alles, was ihr im Gebet erfleht, werdet ihr empfangen, wenn ihr glaubt."

DAS GLEICHNIS VON DEN BÖSEN WINZERN

Ein Hausherr pflanzte einen Weinberg und zog eine Mauer um ihn und grub darin eine Kelter und baute darin einen Turm und verpachtete ihn an Winzer und ging außer Landes.

Als die Zeit der Früchte nahe war, sandte er seine Diener zu den Winzern, um die Früchte in Empfang zu nehmen. Und die Winzer ergriffen die Diener; den einen schlugen sie, den anderen töteten sie und wieder einen andern steinigten sie.

Und wieder schickte er andere Knechte, mehr als vorher, und sie machten es ihnen geradeso.

Endlich schickte er seinen Sohn zu ihnen und sprach: ‚Vor meinem Sohne werden sie Ehrfurcht haben.'

Als die Winzer den Sohn sahen, sagten sie unter sich: ‚Das ist der Erbe. Wohlan, wir wollen ihn töten und sein Erbe in Besitz nehmen!'

Sie packten ihn, warfen ihn zum Weinberg hinaus und töteten ihn.

Wenn nun der Herr des Weinbergs kommt, was wird er mit jenen Winzern anfangen?"

Sie sagten zu ihm: „Er wird die Elenden elendiglich zu Grunde richten, und den Weinberg wird er an andere Winzer verpachten, die ihm die Früchte zu ihrer Zeit abliefern werden." Jesus sprach zu ihnen:

„Darum sage ich euch: Das Königreich Gottes wird von euch genommen und einem Volke gegeben werden, das seine Früchte hervorbringt."

Als die Hohenpriester und Schriftgelehrten seine Gleichnisse hörten, merkten sie, daß er von ihnen sprach und suchten sich seiner zu bemächtigen. Sie fürchteten sich aber vor dem Volk, weil es ihn für einen Propheten hielt.

GOTT UND DER KAISER

Die Pharisäer gingen hin und faßten einen Plan, wie sie ihm mit einer Äußerung eine Schlinge legen könnten. Sie schickten zu ihm ihre Jünger mit den Herodianern und ließen sagen: „Meister, wir wissen, daß Du wahrhaftig bist und den Weg Gottes in Wahrheit lehrst; Du kümmerst Dich um niemanden und schaust nicht auf das Ansehen der Menschen. Sag uns doch, was meinst Du? Ist es erlaubt, dem Kaiser Steuer zu zahlen oder nicht?"

Jesus durchschaute ihre Schlechtigkeit und sagte: „Warum versucht ihr mich, ihr Heuchler? Zeigt mir die Steuermünze!"

Sie reichten ihm einen Denar.

Und er sagt zu ihnen: „Wessen ist das Bild und wessen die Aufschrift?"

Sie sagen: „Des Kaisers."

Da sagt er zu ihnen: „Gebet also dem Kaiser, was des Kaisers ist, und Gott, was Gottes ist."

DAS SCHERFLEIN DER WITWE

Als Jesus im Tempel war, blickte er auf und sah die Reichen, wie sie ihre Gaben in den Opferstock warfen. Er sah auch eine Witwe, die dort zwei Lepta (ungefähr einen Pfennig) hineinwarf. Und er sagte: „In Wahrheit sage ich euch, diese arme Witwe hat mehr als alle hineingeworfen. Denn alle diese haben zu den Gaben gelegt von dem, was sie im Überfluß haben; sie aber hat aus ihrer Armut alles gegeben, was sie zum Leben hatte."

DAS GLEICHNIS VOM KÖNIGLICHEN HOCHZEITSMAHL

Gleichgeworden ist das Himmelreich einem Könige, der seinem Sohne Hochzeit hielt. Er schickte seine Knechte, um die Geladenen zur Hochzeit zu bitten, aber sie wollten nicht kommen.

Wieder schickte er andere Knechte und ließ sagen: ‚Saget den Geladenen, sieh, mein Frühmahl ist bereitet, die Ochsen und das Mastvieh sind geschlachtet, alles steht bereit.'

Sie aber kümmerten sich nicht darum und liefen weg, der eine auf sein Feld, der andere zu seinem Geschäft; die übrigen ergriffen seine Knechte, mißhandelten und töteten sie.

Da wurde der König zornig und schickte sein Heer und ließ jene Mörder umbringen und ihre Stadt niederbrennen.

Dann sagte er zu seinen Knechten: ‚Das Hochzeitsmahl ist bereitet, aber die Geladenen waren seiner nicht wert. Geht daher auf die Wegkreuzungen, und welche immer ihr findet, ladet sie zur Hochzeit ein.'

Und es gingen jene Knechte auf die Straßen und sie holten alle, die sie fanden, Böse und Gute, und der Hochzeitssaal wurde voll von Gästen.

Als der König eintrat, sich die Gäste anzuschauen, erblickte er dort einen Menschen, der kein hochzeitliches Gewand angezogen hatte. Und er sprach zu ihm: ‚Freund, wie bist du hereingekommen, da du doch kein hochzeitliches Gewand anhast?'

Da sagte der König zu seinen Dienern: ‚Bindet ihn an Füßen und Händen und werft ihn hinaus in die äußerste Finsternis; dort wird Heulen und Zähneknirschen sein. Denn viele sind gerufen, wenige aber auserwählt'."

ENDE JERUSALEMS, ENDE DER WELT

Und Jesus verließ den Tempel und ging weiter. Da kamen seine Jünger her, um ihm die Bauten des Tempels zu zeigen. Jesus aber sprach zu ihnen: „Seht ihr nicht dies alles? Wahrlich, ich sage euch, hier wird kein Stein auf dem anderen bleiben, der nicht herausgerissen würde."

Als er auf dem Ölberg saß, traten seine Jünger zu ihm, als sie allein waren, und sagten: „Sag uns doch, wann wird das sein, und was wird das Zeichen deiner Wiederkunft sein und das Ende dieser Welt?"

Jesus antwortete und sprach zu ihnen: „Seht zu, daß euch niemand irreführe. Denn es werden viele in meinem Namen kommen und sagen: ‚Ich bin der Christus' und viele irre machen. Ihr werdet hören von Krieg und Kriegsgeschrei. Seht zu und laßt euch nicht in Schrecken setzen; denn das muß kommen, aber es ist noch nicht das Ende.

Denn es wird aufstehen Volk gegen Volk und Reich gegen Reich, und es werden Hungersnöte sein und Erdbeben vieler Orten. Das alles aber ist erst der Anfang der Wehen.

Es wird eine große Drangsal sein, dergleichen nicht gewesen ist vom Anbeginn der Welt bis jetzt und auch nicht mehr kommen wird. Und wenn jene Tage nicht abgekürzt würden, würde kein Fleisch gerettet werden. Aber um der Auserwählten willen, werden jene Tage abgekürzt werden.

Wenn dann jemand zu euch sagt: ‚Siehe, hier ist der Christus oder dort ist er' glaubt es nicht. Denn es werden falsche Christusse und falsche Propheten auftreten und werden große Zeichen und Wunder tun, so daß, wenn solches möglich wäre, sogar die Auserwählten in die Irre geführt würden.

Sogleich nach der Drangsal jener Tage wird die Sonne verfinstert werden und der Mond wird seinen Schein nicht mehr geben, die Sterne werden vom Himmel fallen und die Kräfte des Himmels werden erschüttert werden.

Und dann wird das Zeichen des Menschensohnes am Himmel erscheinen und alle Stämme der Erde werden an die Brust schlagen und den Menschensohn kommen sehen auf den Wolken des Himmels, mit großer Macht und Herrlichkeit.

Und er wird seine Engel aussenden unter lautem Posaunenschall, und sie werden seine Auserwählten zusammenbringen von den vier Winden her, vom einen Ende der Himmel bis zum andern.

Vom Feigenbaum aber lernet das Gleichnis: Wenn sein Zweig schon zart wird und Blätter treibt, so seht ihr daran, daß der Sommer nahe ist. So auch, wenn ihr das alles seht, erkennt ihr, daß es nahe vor der Türe steht.

Wahrlich, ich sage euch, dieses Geschlecht wird nicht vorübergegangen sein, bis das alles geschieht Von jenem Tag und jener Stunde aber weiß niemand, auch nicht die Engel des Himmels, nicht einmal der Sohn; nur der Vater allein.

Wachet also, denn ihr wißt nicht, an welchem Tag der Herr kommen wird. Das aber begreift: Wenn der Hausherr wüßte, um welche Nachtwache der Dieb kommt, würde er wachbleiben und nicht in sein Haus einbrechen lassen.

So seid auch ihr bereit. Denn zu einer Stunde, wo ihr es nicht vermutet, kommt der Menschensohn.

Selig der Knecht, den der Herr, wenn er kommt, also handelnd findet. Wahrlich, ich sage euch, er wird ihn über all seine Habe setzen."

DIE KLUGEN UND DIE TÖRICHTEN JUNGFRAUEN

Gleichgeworden ist das Himmelreich zehn Jungfrauen, die ihre Lampen nahmen und dem Bräutigam entgegengingen.

Fünf von ihnen waren töricht und fünf waren klug.

Die Törichten hatten die Lampen mitgenommen, aber kein Öl; die Klugen dagegen hatten in den Gefäßen Öl für die Lampen mitgenommen.

Da aber der Bräutigam säumte, nickten sie alle ein und schliefen.

Mitten in der Nacht aber erhob sich der Ruf: ‚Auf, der Bräutigam! Geht ihm entgegen!'

Da erhoben sich alle Jungfrauen und brachten ihre Lampen in Ordnung.

Die Törichten aber sagten zu den Klugen: ‚Gebt uns von eurem Öl, unsere Lampen gehen aus.'

Die Klugen antworteten und sagten: ‚Nein; es möchte für uns auch nicht reichen; geht lieber zum Kaufmann und kauft euch.'

Während sie aber fortgingen, um zu kaufen, kam der Bräutigam, und die bereit waren, gingen mit ihm zum Hochzeitsmahl hinein, und die Türe wurde geschlossen.

Später kamen auch die übrigen, törichten Jungfrauen und sagten: ‚Herr, Herr! Mach uns auf!'

Er aber antwortete und sprach: ‚Wahrlich, ich sage euch, ich kenne euch nicht!'

Wacht also, denn ihr wißt weder Tag noch Stunde."

GLEICHNIS VON DEN ANVERTRAUTEN TALENTEN

Gleichgeworden ist das Himmelreich einem Manne der außer Landes ging, seinen Knechten rief und ihnen seinen Besitz übergab.

Dem einen gab er fünf Talente, dem andern zwei, dem andern eines, jedem nach seinem Können, und verreiste.

Sogleich ging der, welcher fünf Talente empfangen hatte hin, arbeitete mit ihnen und gewann andere fünf.

Ebenso gewann der, der zwei Talente empfangen hatte, zwei andere.

Der aber, der ein Talent empfangen hatte, ging fort, vergrub es in die Erde und versteckte das Geld seines Herrn.

Nach langer Zeit kam der Herr jener Knechte und hielt Abrechnung mit ihnen.

Da trat der, der fünf Talente empfangen hatte, vor und brachte fünf weitere Talente bei und sprach: ‚Herr, fünf Talente hast du mir übergeben; sieh, ich habe noch weitere fünf Talente gewonnen!'

Da sprach sein Herr zu ihm: ‚Wohlan, du guter und treuer Knecht, da du über Weniges treu gewesen bist, will ich dich über Vieles setzen. Geh ein in die Freude deines Herrn!'

Es trat auch der mit den zwei Talenten vor und sprach:

‚Herr, zwei Talente hast du mir gegeben; sieh, ich habe noch zwei Talente gewonnen.'

Da sprach sein Herr zu ihm: ‚Wohlan, du guter und treuer Knecht, da du über Weniges treu gewesen bist, will ich dich über Vieles setzen. Geh ein in die Freude deines Herrn!'

Da kam auch der, welcher das eine Talent empfangen hatte und sagte:

‚Herr, ich wußte, daß du ein harter Mann bist, erntest, wo du nicht gesät hast, sammelst, wo du nicht ausgeteilt hast.

Darum hatte ich Angst, ging weg und versteckte dein Talent in der Erde. Sieh, hier hast du das deinige.'

Sein Herr aber antwortete und sprach zu ihm: ‚Du nichtsnutziger und fauler Knecht, du wußtest, daß ich ernte, wo ich nicht gesät habe, und sammle, wo ich nicht ausgeteilt habe.

Da hättest du mein Geld den Geldwechslern bringen müssen und ich hätte bei meiner Rückkehr das Meinige mit Zinsen erhalten. Nehmt ihm das Talent weg und gebt es dem, der zehn Talente hat.

Denn jedem, der hat, wird gegeben, und er wird im Überfluß haben. Wenn aber einer nichts hat, wird ihm auch das, was er hat, weggenommen werden.

Den nichtsnutzigen Knecht aber werft hinaus in die Finsternis draußen. Dort wird Heulen und Zähneknirschen sein'."

DAS WELTGERICHT

WENN ABER der Menschensohn kommen wird in seiner Herrlichkeit und alle Engel mit ihm, dann wird er sich setzen auf den Thron seiner Herrlichkeit. Und alle Völker werden vor ihm versammelt werden, und er wird sie voneinander scheiden, wie der Hirt die Schafe von den Böcken scheidet, und er wird die Schafe stellen zu seiner Rechten und die Böcke zu seiner Linken.

Dann wird der König zu denen auf seiner Rechten sagen: ‚Kommt, ihr Gesegneten meines Vaters, und nehmt das Reich in Besitz, das euch von Grundlegung der Welt an bereitet ist!

Denn ich war hungrig, und ihr habt mir zu essen gegeben; ich war durstig, und ihr habt mir zu trinken gegeben; ich war fremd, und ihr habt mich aufgenommen; ich war nackt, und ihr habt mich bekleidet; ich war krank, und ihr habt mich besucht; ich lag im Gefängnis, und ihr seid zu mir gekommen'.

Dann werden ihm die Gerechten antworten und sagen: ‚Wann haben wir dich hungrig gesehen und

hätten dich gespeist; oder durstig und hätten dich getränkt, oder wann haben wir dich als Fremdling gesehen und haben dich aufgenommen; oder nackt und dich bekleidet; wann haben wir dich krank gesehen oder im Gefängnis und sind zu dir gekommen?'

Der König wird ihnen antworten und sagen: ,Wahrlich, ich sage euch, was ihr irgend einem dieser meiner geringsten Brüder getan habt, das habt ihr mir getan.'

Dann wird der König zu denen auf seiner Linken sagen: ,Weicht von mir, ihr Verfluchten in das ewige Feuer, das dem Teufel und seinen Engeln bereitet ist. Denn ich war hungrig, und ihr habt mir nicht zu essen gegeben; ich war durstig, und ihr habt mir nicht zu trinken gegeben; ich war fremd, und ihr habt mich nicht aufgenommen; ich war nackt, und ihr habt mich nicht bekleidet; ich war krank und im Gefängnis, und ihr seid nicht zu mir gekommen'.

Dann werden auch sie antworten und sagen: ,Herr, wann haben wir dich hungrig gesehen oder durstig oder fremd oder nackt oder krank oder im Gefängnis und hätten dir nicht gedient?'

Dann wird er ihnen antworten und sagen: ,Wahrlich, ich sage euch, was ihr irgendeinem dieser meiner geringsten Brüder nicht getan habt, das habt ihr mir nicht getan'."

MATTHÄUS 26; LUKAS 22; JOHANNES 13

DAS LETZTE ABENDMAHL

ALS JESUS alle diese Reden vollendet hatte, sprach er zu seinen Jüngern: „Ihr wißt, daß nach zwei Tagen Ostern gehalten wird und der Menschensohn ausgeliefert und gekreuzigt wird." —

Da versammelten sich die Hohenpriester und Ältesten des Volkes im Palast des Hohenpriesters Kaiphas und beratschlagten, wie sie Jesus mit List festnehmen und töten könnten. Sie sagten aber: „Nur nicht am Feste, damit kein Aufruhr unter dem Volk entsteht."

Einer aber von den Zwölfen, Judas Iskariot geheißen, ging zu den Hohenpriestern und sagte: „Was wollt ihr mir geben, wenn ich euch Jesus ausliefere?"

Sie zahlten ihm dreißig Silberlinge. Und von da an suchte er eine günstige Gelegenheit, ihn auszuliefern.

Es kam aber der Tag der Ungesäuerten Brote, an dem das Opferlamm geschlachtet werden mußte. Da schickte Jesus den Petrus und Johannes weg und sagte: „Geht und bereitet das Ostermahl, daß wir es essen."

Und sie sagten zu ihm: „Wo willst Du, daß wir es bereiten sollen?"

Er sprach: „Seht, wenn ihr in die Stadt kommt, wird euch ein Mann begegnen, der einen Wasserkrug trägt. Folgt ihm in das Haus nach, in das er hineingeht und sprecht zum Herrn des Hauses: ,Der Meister läßt dir sagen, wo ist das Gemach, wo ich mit meinen Jüngern das Osterlamm essen kann?' Und er wird euch ein großes mit Polstern belegtes Gemach oben zeigen. Dort bereitet es."

Sie gingen hin und fanden es, wie er ihnen gesagt hatte, und rüsteten das Ostermahl zu.

Und als die Stunde gekommen war, legte Jesus sein Gewand ab, nahm ein Linnen und band es sich um. Darauf schüttete er Wasser in das Waschbecken und fing an, seinen Jüngern die Füße zu waschen und sie mit dem Linnen abzutrocknen, mit dem er umgürtet war.

Er kam zu Simon Petrus. Der sagte zu ihm: „Herr, Du willst mir die Füße waschen?"

Jesus antwortete und sprach zu ihm: „Was ich tue,

verstehst du jetzt nicht, du wirst es aber nachher einsehen."

Petrus sagte zu ihm: „Du wirst mir in Ewigkeit die Füße nicht waschen."

Jesus antwortete ihm: „Wenn ich dich nicht wasche, hast du keinen Teil an mir."

Sprach zu ihm Simon Petrus: „Herr, nicht allein die Füße, auch die Hände und das Haupt."

Jesus sagte zu ihm: „Wer gebadet hat, braucht sich nur mehr die Füße zu waschen, im übrigen ist er ganz rein. Auch ihr seid rein, aber nicht alle." Denn er kannte den, der ihn ausliefern sollte. Deswegen sagte er, ihr seid nicht alle rein.

Als er ihnen nun die Füße gewaschen und sein Gewand angelegt und sich wieder zu Tische gesetzt hatte, sprach er zu ihnen:

„Versteht ihr, was ich euch getan habe? Ihr nennt mich Meister und Herr und habt recht, ich bin es. Wenn nun ich, der Meister und Herr, euch die Füße gewaschen habe, so müßt auch ihr einander die Füße waschen.

Denn ein Beispiel habe ich euch gegeben, damit auch ihr tut, wie ich getan habe.

Wahrlich, wahrlich, ich sage euch, ein Knecht ist nicht größer als sein Herr, und ein Gesandter nicht größer als der, der ihn sendet. Wenn ihr das versteht, selig seid ihr, wenn ihr danach handelt.

Nicht von euch allen rede ich, denn ich weiß, wen ich erwählt habe. Aber die Schrift sollte erfüllt werden: ‚Der mein Brot ißt, hat seine Ferse gegen mich erhoben'."

Als Jesus das gesagt hatte, wurde er im Geiste erregt und bezeugte und sagte:

„Wahrlich, wahrlich, ich sage euch, einer von euch wird mich verraten."

Die Jünger schauten einander verlegen an, von wem er nur spreche.

Einer von seinen Jüngern lag an der Brust Jesu, der Jünger, den Jesus liebte. Simon Petrus winkte ihm zu und sagte zu ihm: „Sag, wer es ist, von wem er spricht?"

Jener, wie er an der Brust Jesu lag, sagte zu ihm: „Herr, wer ist es?"

Jesus antwortete ihm: „Der ist es, dem ich den Bissen eintauchen und geben werde."

Er tauchte nun den Bissen ein, nahm ihn und gab ihn Judas, dem Sohne des Simon, dem Iskarioten.

Und nach dem Bissen, da fuhr der Satan in ihn.

Jesus sagt zu ihm: „Was du tun willst, das tue bald."

Keiner aber von denen, die mit zu Tische lagen, verstand, warum er das zu ihm sagte.

Denn einige meinten, weil Judas die Kasse hatte, habe Jesus zu ihm gesagt, kaufe ein, was wir für das Fest brauchen, oder er solle den Armen etwas geben.

Jener nahm also den Bissen und ging sogleich hinaus. Es war aber Nacht.

Und Jesus sprach: „Ich habe ein großes Verlangen gehabt, dieses Ostermahl mit euch zu essen, ehedenn ich leide. Ich sage euch aber, ich werde es nicht mehr essen, bis es im Reiche Gottes erfüllt wird."

Während sie nun zu Tische lagen, nahm Jesus das Brot, sprach das Segensgebet, brach es, gab es seinen Jüngern und sprach: „Nehmet hin und esset, das ist mein Leib."

Ebenso nahm er den Kelch, dankte Gott, reichte ihnen den Kelch und sprach: „Trinket alle daraus, denn das ist mein Blut, das Blut des neuen Bundes, das für viele vergossen wird zur Vergebung der Sünden.

Ich sage euch aber, ich werde nicht mehr trinken von dem Gewächse des Weinstockes bis zu dem Tag, da ich ihn mit euch trinken werde im Reiche meines Vaters."

AUS DEN ABSCHIEDSREDEN JESU

ALS JUDAS gegangen war, sprach Jesus: „Noch eine kleine Weile bin ich bei euch. Ihr werdet mich suchen, wie ich den Juden gesagt habe: ‚wo ich hingehe, dahin könnt ihr nicht kommen', und euch sage ich es jetzt.

Ein neues Gebot gebe ich euch, daß ihr einander liebt. So wie ich euch geliebt habe, so sollt auch ihr einander lieben. Daran sollen alle erkennen, daß ihr meine Jünger seid, wenn ihr einander liebt.

Eine größere Liebe als diese hat niemand, als daß er sein Leben hingibt für seine Freunde. Ihr seid meine Freunde, wenn ihr tut, was ich euch auftrage. Ich nenne euch nicht mehr Knechte, denn der Knecht weiß nicht, was sein Herr tut. Euch aber nenne ich Freunde, weil ich alles, was ich von meinem Vater gehört habe, euch geoffenbart habe."

„Laßt euer Herz nicht in Verwirrung geraten: Glaubt an Gott und glaubt an mich. Im Hause meines Vaters sind viele Wohnungen. Wenn es nicht so wäre, dann hätte ich es euch gesagt, denn ich gehe hin, euch einen Platz zu bereiten. Wenn ich nun hingehe und euch einen Platz bereitet habe, dann werde ich wiederkommen und euch zu mir nehmen, damit, wo ich bin, auch ihr seid. Und, wohin ich gehe, ihr kennt den Weg."

„Den Frieden lasse ich euch zurück, meinen Frieden gebe ich euch, nicht wie die Welt ihn gibt gebe ich ihn euch."

„Simon Petrus sagt zu ihm: „Herr, wohin gehst Du?" Jesus antwortete ihm: „Wohin ich gehe, dahin kannst du mir jetzt nicht folgen, du wirst mir aber später folgen."

Sagt Petrus zu ihm: „Herr, warum kann ich Dir jetzt nicht folgen? Ich will mein Leben für Dich geben."

Jesus erwiderte ihm:

„Wahrlich, wahrlich, ich sage dir, der Hahn wird nicht krähen, bevor du mich dreimal verleugnest."

Jesus sagte zu ihnen: „Als ich euch aussandte ohne Geldbeutel und ohne Reisesack und ohne Sandalen, habt ihr da etwas entbehrt?" Sie sagten: „Nichts".

Da sagte er zu ihnen: „Aber jetzt, wer einen Geldbeutel hat, soll ihn mitnehmen, desgleichen, wer einen Reisesack hat, und wer nichts hat, soll sein Oberkleid verkaufen und ein Schwert einhandeln. Denn ich sage euch, was geschrieben steht, muß sich an mir erfüllen, dieses nämlich: ‚Er wurde unter die Gesetzlosen gerechnet!' Denn meine Sendung hat ihr Ende."

Da sagten sie: „Herr, sieh, da sind zwei Schwerter!" Er aber sprach: „Es ist genug."

MATTHÄUS 26 ; LUKAS 22 ; JOHANNES 18

DAS LEIDEN CHRISTI

GETHSEMANE

ALS SIE den Hymnus gesungen hatten, gingen sie an den Ölberg. Da sprach Jesus zu ihnen: „Ihr werdet in dieser Nacht alle an mir Anstoß nehmen. Denn es steht geschrieben: ‚Ich will den Hirten schlagen, und die Schafe der Herde werden zerstreut werden.‘ Nach meiner Auferstehung werde ich euch nach Galiläa vorausgehen.“

Petrus aber antwortete und sprach zu ihm: „Wenn auch alle an Dir irre werden, ich werde niemals an Dir Anstoß nehmen.“

Jesus sagte zu ihm: „Wahrlich, ich sage dir, in dieser Nacht, ehe der Hahn kräht, wirst du mich dreimal verleugnen.“

Sagte Petrus zu ihm: „Auch wenn ich mit Dir sterben müßte, so werde ich Dich niemals verleugnen.“ Ebenso sagten auch die anderen Jünger.

Darauf kam Jesus mit ihnen zu einem Grundstück mit Namen Gethsemane. Und er sagte zu seinen Jüngern: „Setzt euch hier, während ich dorthin gehe und bete.“

Dann nahm er den Petrus und die beiden Söhne des Zebedäus beiseite und fing an traurig zu werden und sich zu ängstigen. Dabei sagte er zu ihnen: „Tiefbetrübt ist meine Seele bis in den Tod. Bleibet hier und wachet mit mir.“

Und er ging um ein Weniges weiter, fiel auf sein Angesicht, betete und sprach: „Mein Vater, wenn es möglich ist, so gehe dieser Kelch an mir vorüber. Jedoch nicht wie ich will, sondern wie Du willst.“

Und er kam zu seinen Jüngern und fand sie schlafend und sprach zu Petrus: „Konntet ihr nicht einmal eine Stunde mit mir wachen? Wachet und betet, damit ihr nicht in Versuchung fallet! Der Geist ist zwar willig, aber das Fleisch ist schwach.“

Und wieder ging er zum zweitenmal hin, betete und sprach: „Mein Vater, wenn es möglich ist, daß dieser Kelch vorübergehe, ohne daß ich ihn trinke, so geschehe Dein Wille.“

Und er kam wieder und fand sie schlafend, denn ihre Augen waren beschwert.

Und er verließ sie wieder, betete zum drittenmal, die gleichen Worte sprechend.

Da erschien ein Engel vom Himmel und stärkte ihn. Und er fiel in Todesangst und betete umso inbrünstiger, und sein Schweiß war wie Tropfen Blutes, das auf die Erde rann.

Dann ging er zu seinen Jüngern und sprach zu ihnen: „Ihr schlaft noch und ruht euch aus. Doch jetzt ist die Stunde da, wo der Menschensohn in die Hände der Sünder ausgeliefert wird. Erhebt euch, wir wollen gehen. Sieh, der mich ausliefert ist nahe.“

Und während er noch sprach, siehe, da kam Judas, einer von den Zwölfen, und mit ihm ein großer Haufen mit Schwertern und Prügeln, abgeschickt von den Hohenpriestern und Ältesten des Volkes.

Es hatte aber der, der ihn auslieferte ein Zeichen gegeben und gesagt: „Der, den ich küssen werde, der ist es.“

Und sofort ging er auf Jesus zu und sagte: „Heil Dir, Rabbi!“ und er küßte ihn.

Jesus aber antwortete ihm: „Freund, wozu bist du gekommen?“

Dann gingen sie auf Jesus zu, legten Hand an ihn und bemächtigten sich seiner.

Und siehe, einer von denen, die bei Jesus waren, streckte die Hand aus und zog sein Schwert und schlug den Knecht des Hohenpriesters und hieb ihm das Ohr ab.

Darauf sprach Jesus zu ihm: „Stecke dein Schwert an seinen Ort. Denn alle, die zum Schwert greifen, kommen durch das Schwert um. Oder glaubst du, daß ich meinen Vater nicht bitten kann und er wird mir mehr als zwölf Legionen Engel zu Hilfe schicken? Wie aber sollen sich dann die Schriften erfüllen, nach denen es so geschehen muß?“

In jener Stunde sprach Jesus zu den Scharen: „Wie zu einem Räuber seid ihr ausgezogen mit Schwertern und Prügeln, um mich zu fangen Täglich saß ich im Tempel und ihr habt mich nicht ergriffen. Das alles aber ist geschehen, damit die Schriften der Propheten erfüllt worden sind.“

Dann ließen ihn die Jünger alle im Stich und flohen.

PETRUS VERLEUGNET SEINEN HERRN

Als sie Jesus festgenommen, führten sie ihn zum Hohenpriester Kaiphas, wo sich die Hohenpriester und die Ältesten versammelt hatten.

Petrus aber folgte ihm von Ferne bis zum Hofe des Hohenpriesters, und er ging hinein und setzte sich bei den Dienern nieder, um das Ende zu sehen.

Der Hohepriester aber und der ganze Hohe Rat suchten nach falschem Zeugnis wider Jesus, um ihn töten zu können. Sie fanden es aber nicht, obwohl sich viele falsche Zeugen meldeten.

Zuletzt traten zwei auf, die sagten: „Dieser hat gesagt, ich kann den Tempel Gottes niederreißen und in drei Tagen wieder aufbauen.“

Da erhob sich der Hohepriester und sprach zu ihm: „Antwortest Du nichts auf das, was diese gegen Dich bezeugen?“

Jesus aber schwieg.

Da sagte der Hohepriester zu ihm: „Ich beschwöre Dich bei dem lebendigen Gott, daß Du aussagst, ob Du bist Christus der Sohn Gottes?“

Jesus sprach zu ihm: „Du sagst es. Ich sage euch aber, von jetzt an werdet ihr den Menschensohn sitzen sehen zur Rechten der Kraft und kommen auf den Wolken des Himmels.“

Da zerriß der Hohepriester seine Kleider und sprach: „Er hat Gott gelästert. Was brauchen wir noch Zeugen? Ihr habt die Gotteslästerung selbst gehört. Was dünkt euch?“

Sie antworteten und sagten: „Er ist des Todes schuldig!“

Dann spien sie ihm ins Gesicht und schlugen ihn mit Fäusten, andere gaben ihm Backenstreiche und sagten: „Weissage uns Christus, wer hat Dich geschlagen?“

Petrus aber saß draußen im Hofe, da kam eine Magd auf ihn zu und sagte: „Auch du warst bei Jesus, dem Galiläer.“

Er aber leugnete vor allen und sagte: „Ich weiß

nicht, was du sagst.“

Als er aber zum Tor hinausgegangen war, sah ihn eine andere Magd und sagte zu den Leuten dort:

„Der war auch bei Jesus, dem Nazarener.“ Und wieder leugnete es Petrus unter einem Eid: „Ich kenne den Menschen nicht.“

Kurz darauf traten die Umstehenden heran und sagten zu Petrus: „Wirklich, auch du bist einer von ihnen, deine Sprache verrät dich.“

Da fing Petrus an, sich zu verfluchen und zu schwören: „Ich kenne den Menschen nicht.“ Und sogleich krähte der Hahn.

Da wandte sich der Herr um und blickte Petrus an.

Nun erinnerte sich Petrus des Wortes des

Herrn, wie er zu ihm gesprochen: „Noch heute, ehe der Hahn kräht, wirst du mich dreimal verleugnen.“

Und er ging hinaus und weinte bitterlich.

JESUS VOR PONTIUS PILATUS

ALS ES ABER Morgen geworden war, faßten alle Hohenpriester und Ältesten des Volkes den Beschluß gegen Jesus, daß er getötet werden sollte. Sie ließen ihn gebunden abführen und übergaben ihn dem Statthalter Pontius Pilatus.

Sie führten also Jesus von Kaiphas ins Prätorium. Es war früh morgens. Sie selbst aber gingen nicht ins Prätorium hinein, um nicht unrein zu werden und das Osterlamm essen zu können. Pilatus kam deswegen zu ihnen heraus und sprach: „Welche Anklage habt ihr gegen diesen Menschen?"

Sie antworteten ihm und sagten: „Wenn der kein Missetäter wäre, dann würden wir ihn dir nicht überliefert haben."

Pilatus sprach zu ihnen: „Nehmt ihr ihn und richtet ihn nach eurem Gesetze."

Die Juden sagten zu ihm: „Uns ist nicht erlaubt an jemandem die Todesstrafe zu vollziehen."

So sollte das Wort Jesu in Erfüllung gehen, das er gesprochen hatte, um anzudeuten, wessen Todes er sterben werde.

Pilatus ging nun wieder ins Prätorium hinein, ließ Jesus rufen und sagte zu ihm „Du bist also der König der Juden?"

Jesus antwortete: „Sagst du das aus dir selbst oder haben es andere dir über mich gesagt?"

Pilatus antwortete: „Bin ich denn ein Jude? Dein eigenes Volk und die Hohenpriester haben Dich mir übergeben. Was hast Du getan?"

Jesus antwortete: „Mein Reich ist nicht von dieser Welt. Wenn mein Reich von dieser Welt wäre, dann würden meine Diener dafür streiten, daß ich nicht den Juden ausgeliefert würde. Nun aber ist mein Reich nicht von hier."

Da sagte Pilatus zu ihm: „Du bist also doch ein König?"

Jesus antwortete ihm: „Du sagst es. Ja, ich bin ein König. Ich bin dazu geboren und dazu in die Welt gekommen, daß ich für die Wahrheit Zeugnis gebe. Jeder, der aus der Wahrheit ist, hört meine Stimme."

Da sprach Pilatus zu ihm: „Was ist Wahrheit?" Als er dies gesagt hatte, ging er wieder hinaus zu den Juden und sagte zu ihnen: „Ich finde keine Schuld an ihm. Es herrscht aber bei euch die Sitte, daß ich euch an Ostern einen Gefangenen freigebe. Wollt ihr nun, daß ich euch den König der Juden freigebe?"

Da schrien sie wieder und sagten: „Nicht diesen, sondern den Barabbas."
Barabbas aber war ein Räuber.

Da nahm Pilatus Jesus und ließ ihn geißeln. Und die Soldaten flochten eine Krone aus Dornen und setzten sie auf sein Haupt und legten ihm einen Purpurmantel um und traten vor ihn hin und sagten: „Sei gegrüßt, König der Juden!" Und gaben ihm Backenstreiche.

Und Pilatus ging wieder hinaus und sagte zu ihnen: „Seht, ich führe ihn heraus zu euch, damit ihr seht, daß ich keine Schuld an ihm finde."

So kam also Jesus heraus und trug die Dornenkrone und den Purpurmantel. Und Pilatus sagte zu ihnen: „Seht, ein Mensch!" Als aber die Hohenpriester und Ältesten ihn sahen, schrien sie und riefen: „Kreuzige ihn! Kreuzige ihn!" Pilatus sagte zu ihnen: „Nehmt ihn hin und kreuzigt ihn. Denn ich finde keine Schuld an ihm."

Während Pilatus auf seinem Richterstuhle saß, schickte seine Frau zu ihm und ließ ihm sagen: „Habe nichts zu schaffen mit diesem Gerechten. Ich habe heute Nacht seinetwegen im Traum viel gelitten."

Die Hohenpriester und Ältesten aber überredeten das Volk, sie sollten den Barabbas freibitten, Jesus aber töten lassen.

Als Pilatus sah, daß alles nichts nütze und der Lärm immer ärger werde, nahm er Wasser und wusch seine Hände vor dem Volk und sprach: „Ich bin unschuldig an diesem Blute. Seht ihr zu!"

Da antwortete das ganze Volk und sagte: „Sein Blut komme über uns und unsre Kinder!"

Da gab er ihnen Barabbas frei. Jesus aber ließ er geißeln und gab ihn hin, daß er gekreuzigt würde.

DAS ENDE DES JUDAS

ALS JUDAS, der Jesus ausgeliefert hatte, sah, daß er verurteilt worden war, da wurde er von Reue gepackt und brachte die dreißig Silberlinge den Hohenpriestern und Ältesten und sagte: „Ich habe gesündigt, ich habe unschuldiges Blut verraten."

Die aber sagten: „Was geht das uns an? Sieh du zu!"

Und er warf die Silberlinge in den Tempel, verließ ihn und ging hin und erhängte sich.

Die Hohenpriester nahmen die Silberlinge und sagten: „Es ist nicht erlaubt sie in den Tempelschatz zu werfen, denn es ist Blutgeld." So faßten sie den Entschluß und kauften davon den Acker des Töpfers als Begräbnisstätte für die Fremden. Darum heißt jener Acker bis auf den heutigen Tag Blutacker.

DIE KREUZIGUNG

SIE NAHMEN also Jesus, und, indem er selbst sein Kreuz trug, ging er hinaus an den Ort, der Schädelstätte heißt. Und wie sie ihn hinausführten, hielten sie Simon an, einen Mann aus Cyrene, der vom Felde kam, und legten ihm das Kreuz auf, daß er es Jesus nachtrage.

Es folgten ihm aber eine Menge Volk und Frauen, die sich an die Brust schlugen und ihn beklagten. Jesus aber wandte sich zu ihnen und sagte: „Ihr Töchter Jerusalems, weinet nicht über mich. Weinet vielmehr über euch selbst und eure Kinder. Denn sieh, es werden Tage kommen, wo man sagen wird, selig die Unfruchtbaren und die Leiber, die nicht geboren haben und die Brüste, die nicht genährt haben.

Dann werden sie anfangen zu den Bergen zu sagen: ‚Fallet über uns' und zu den Hügeln: ‚Bedecket uns.' Denn wenn das am grünen Holze geschieht, was wird am dürren geschehen?"

Als sie nun zur Stätte gekommen waren, die Schädelstätte heißt, kreuzigten sie ihn und zwei Übeltäter, den einen zur Rechten, den anderen zur Linken.

Jesus aber sagte: „Vater, vergib ihnen, sie wissen nicht, was sie tun."

Als die Soldaten Jesus gekreuzigt hatten, nahmen sie seine Kleider und machten vier Teile, für jeden Soldaten einen Teil, und den Leibrock. Der Leibrock aber war ohne Naht, von oben an ganz durchgewoben. Sie sagten nun zueinander: „Wir wollen ihn nicht trennen, sondern das Los werfen, wem er gehören soll." Damit die Schrift erfüllt würde: „Sie haben meine Kleider unter sich geteilt und das Los geworfen über mein Gewand." Die Soldaten taten dieses.

Es standen aber bei dem Kreuze Jesu Maria seine Mutter und die Schwester seiner Mutter, Maria, die Frau des Kleophas, und Maria Magdalena. Als nun Jesus seine Mutter sah und den Jünger dabei stehen, den er liebte, sagte er zur Mutter: „Weib, siehe da, dein Sohn!" Darauf sagte er zum Jünger: „Sieh da,

deine Mutter." Und von der Stunde an nahm sie der Jünger zu sich.

Das Volk aber stand herum und schaute zu. Es höhnten aber die Führer des Volkes und sagten: „Anderen hat er geholfen, nun soll er sich selber helfen, wenn er der Gesalbte Gottes ist, der Auserwählte."

Es verspotteten ihn aber auch die Soldaten, indem sie herkamen und ihm Essig brachten und sagten: „Wenn Du der König der Juden bist, rette Dich selbst."

Es war eine Aufschrift über ihm: „Dies ist der König der Juden."

Einer aber der gekreuzigten Übeltäter lästerte ihn: „Bist Du nicht der Christus? Hilf Dir selbst und uns!"

Es antwortete aber der andere, tadelte ihn ernst und sprach: „Fürchtest auch du Gott nicht, da du doch in der gleichen Strafe bist? Und wir mit Recht, denn wir empfangen nur, was uns für unsere Taten gebühret. Dieser aber hat kein Unrecht getan."

Und er sprach zu Jesus: „Gedenke meiner, wenn Du in Dein Reich kommst."

Und er antwortete ihm: „Wahrlich, ich sage dir, heute noch wirst du bei mir im Paradiese sein."

Es war aber ungefähr um die sechste Stunde, daß Finsternis hereinbrach über die ganze Erde bis zur neunten Stunde, die Sonne sich verdunkelte und der Vorhang im Tempel mitten durchriß.

Da rief Jesus mit lauter Stimme und sprach: „Vater, in Deine Hände empfehle ich meinen Geist."

Und als er dies gesagt hatte, entschlief er.

Als aber der Hauptmann sah, was geschah, pries er Gott und sprach: „Wahrhaftig, dieser Mensch war gerecht."

Und alles Volk, das mit bei diesem Schauspiel zugegen war, als es sah, was geschah, schlug an seine Brust und kehrte heim.

Es standen aber alle seine Bekannten von Ferne, auch die Frauen, die ihm von Galiläa gefolgt waren und dies sahen.

DAS GRAB IM GARTEN

Danach bat den Pilatus Josef von Arimathäa, der ein Jünger Jesu war, ein heimlicher, aus Furcht vor den Juden, ob er den Leichnam Jesu abnehmen dürfe. Pilatus erlaubte es.

Er kam nun und nahm den Leichnam ab.

Es kam auch Nikodemus, derselbe, der das erste Mal zu ihm bei Nacht gekommen war, und brachte eine Mischung aus Myrrhe und Aloe, an die hundert Pfund.

Da nahmen sie den Leichnam Jesu und wickelten ihn in Linnen mit den wohlriechenden Kräutern, wie die Juden gewohnt sind, ihre Toten zu begraben.

Es war aber bei dem Ort, wo Jesus gekreuzigt worden war, ein Garten, und in dem Garten ein neues Grab, in dem noch niemals jemand beigesetzt war. Dort nun setzten sie Jesus bei wegen des Rüsttages der Juden, weil das Grab in der Nähe lag.

Am anderen Tag, der auf den Rüsttag folgte, versammelten sich die Hohenpriester und Pharisäer bei Pilatus und sprachen: „Herr, wir erinnern uns, daß jener Betrüger, als er noch lebte, sagte: ‚Nach drei Tagen werde ich auferstehen‘. Gib Befehl, daß das Grab bewacht wird bis zum dritten Tag, daß nicht seine Jünger kommen und ihn stehlen und dem Volke sagen: ‚Er ist auferstanden‘, und der letzte Betrug noch ärger wäre als der erste.“

Pilatus sagte zu ihnen: „Ihr sollt die Wache haben. Geht, haltet Wache so gut ihr könnt.“

Da gingen sie hin, nahmen das Grab in Gewahrsam und versiegelten den Stein im Beisein der Wache.

DAS LEERE GRAB

Nach dem Sabbat, beim Anbruch des ersten Wochentages, kamen Maria Magdalena und die andere Maria, um nach dem Grab zu sehen. Und sieh, es entstand ein großes Erdbeben. Denn ein Engel des Herrn stieg vom Himmel nieder, wälzte den Stein weg und setzte sich darauf. Sein Aussehen war wie der Blitz und sein Gewand weiß wie Schnee. Aus Angst vor ihm zitterten die Wächter und waren wie tot.

Der Engel aber beschied die Frauen und sagte zu ihnen: „Fürchtet euch nicht. Ich weiß, ihr sucht Jesus den Gekreuzigten. Er ist nicht hier. Er ist auferstanden, wie er gesagt hat. Kommt und seht den Ort, wo er lag. Geht eilends fort und sagt seinen Jüngern, daß er von den Toten auferweckt ist, und sieh, er geht euch voran nach Galiläa. Dort werdet ihr ihn sehen, so habe ich euch gesagt.“

Und sie verließen eilends das Grab in Furcht und großer Freude und liefen, diese Botschaft seinen Jüngern zu melden. Und Jesus kam ihnen entgegen und sprach: „Freut euch!“

Sie aber traten herzu, umfaßten seine Füße und beteten ihn an.

Da sprach Jesus zu ihnen: „Fürchtet euch nicht! Geht und meldet meinen Brüdern, sie sollen nach Galiläa gehn, dort werden sie mich sehen.“

Während sie noch unterwegs waren, kamen einige von der Wache in die Stadt und meldeten den Hohenpriestern alles, was geschehen war. Diese fanden sich mit den Ältesten zusammen, und, nachdem sie zu einem Beschluß gekommen waren, gaben sie den Soldaten reichlich Geld mit den Worten: „Saget: ‚Seine Jünger sind nachts gekommen und haben ihn heimlich davongetragen während wir schliefen.‘“

DIE JÜNGER VON EMMAUS

Am gleichen Tag gingen zwei Jünger von ihm nach einem Dorf, das sechzig Stadien von Jerusalem entfernt liegt (ca. 11,5 km) mit Namen Emmaus. Sie unterhielten sich miteinander über all dies, was sich ereignet hatte.

Und es geschah, während sie sich unterhielten und beredeten, daß Jesus ihnen nachkam und mit ihnen wanderte. Ihre Augen aber waren gehalten, so daß sie ihn nicht erkannten.

Er aber sprach zu ihnen: „Was sind das für Reden, die ihr da auf dem Wege untereinander hin- und widerführt? Warum seid ihr so verstört?"

Da antwortete einer von ihnen mit Namen Kleophas und sagte zu ihm: „Bist du der einzige, der in Jerusalem wohnt, und nichts weiß von dem, was in diesen Tagen geschehen ist?"

Und er sagte zu ihnen: „Was?" Sie aber sagten zu ihm: „Das mit Jesus von Nazareth, der ein Prophet war, mächtig in Werk und Wort vor Gott und allem Volk, und wie ihn die Hohenpriester und unsere Vorsteher der Verurteilung zum Tode übergaben und ihn kreuzigen ließen. Wir aber hofften, daß er es wäre, der Israel erlösen solle. Allein, nun ist es bei alledem schon der dritte Tag, seit das alles geschehen ist.

Auch einige Frauen von uns haben uns erschreckt, die heute Morgen früh beim Grabe waren und seinen Leib nicht mehr fanden; sie kamen und sagten, daß sie Engel gesehen hätten, die gesagt hätten, er lebe. Darauf gingen einige von den Unsrigen zu dem Grabe und fanden es so, wie die Frauen gesagt hatten; ihn selbst aber sahen sie nicht."

Da sprach er zu ihnen: „Ihr Unverständigen und schwerfälligen Herzens, wenn es gilt zu glauben an alles, was die Propheten gesagt haben. Mußte nicht Christus dies leiden und so eingehen in seine Herrlichkeit?"

Dann fing er an von Moses und allen Propheten und erklärte ihnen, was in allen Schriften über ihn geschrieben stand.

Und sie näherten sich dem Dorf wohin sie gingen, und er tat, als wollte er weitergehen. Sie nötigten ihn aber und sagten: „Bleibe bei uns, denn es wird Abend und der Tag hat sich geneigt." Da trat er ein, um bei ihnen zu bleiben.

Und es geschah, als er mit ihnen zu Tische lag, nahm er das Brot, sprach den Lobgesang, brach das Brot und gab es ihnen. Ihre Augen aber wurden aufgetan und sie erkannten ihn. Er aber entschwand ihnen.

Und sie sprachen zueinander: „Stand unser Herz nicht in Flammen, als er auf dem Wege mit uns redete und die Schrift erklärte?"

Zu gleicher Stunde brachen sie noch auf und gingen zurück nach Jerusalem, und sie fanden die Elfe versammelt und die bei ihnen waren und die sagten: „Der Herr ist wahrhaft auferweckt und dem Simon erschienen."

Und sie erzählten dann, was auf dem Weg geschehen war und wie er von ihnen am Brotbrechen erkannt worden war.

JESUS ERSCHEINT DEN JÜNGERN

Als es Abend geworden war an jenem ersten Wochentag und die Türen dort, wo die Jünger weilten aus Furcht vor den Juden verschlossen waren, kam Jesus und trat in die Mitte und sagte zu ihnen: „Friede sei mit euch." Und als er dies gesagt hatte, zeigte er ihnen die Hände und die Seite. Da freuten sich die Jünger, als sie den Herrn sahen.

Und wieder sprach Jesus zu ihnen: „Friede sei mit euch! Wie euch der Vater gesandt hat, so sende ich euch." Nach diesen Worten hauchte er sie an und sprach: „Empfanget den Heiligen Geist. Wem ihr die Sünden nachlasset, dem sind sie nachgelassen, und wem ihr sie behaltet, dem sind sie behalten."

Jesus sprach: „Mir ist alle Gewalt gegeben im Himmel und auf Erden. Gehet hin und lehret alle Völker und taufet sie im Namen des Vaters und des Sohnes und des Heiligen Geistes, und lehret sie alles halten, was ich euch befohlen habe. Und siehe, ich bin bei euch alle Tage, bis an das Ende der Welt."

Thomas aber, einer von den Zwölfen, der Zwilling genannt, war nicht bei ihnen, als Jesus kam. Da sagten ihm nun die anderen Jünger: „Wir haben den Herrn gesehen."

Er aber sagte ihnen: „Wenn ich nicht an seinen Händen das Mal der Nägel sehe und meine Finger in den Ort der Nägel lege und meine Hand in seine Seite, so glaube ich nicht."

Und acht Tage später waren seine Jünger wieder versammelt und Thomas bei ihnen. Da kam Jesus bei verschlossenen Türen, stand in ihrer Mitte und sprach: „Friede sei mit euch."

Dann sagte er zu Thomas: „Leg deinen Finger hierher und sieh meine Hände, und nimm deine Hand und lege sie in meine Seite, und sei nicht ungläubig sondern gläubig."

Thomas antwortete und sprach zu ihm: „Mein Herr und mein Gott!"

Jesus antwortete ihm: „Weil du mich gesehen hast, hast du geglaubt. Selig die, die nicht sehen und dennoch glauben."

JESUS ERSCHEINT DEN JÜNGERN AM SEE GENESARETH

Danach offenbarte sich Jesus wieder seinen Jüngern am See von Tiberias. Er offenbarte sich aber auf folgende Weise: Es waren beieinander Simon Petrus und Thomas, der Zwilling genannt wird, und Nathanael aus Kana in Galiläa, und die Söhne des Zebedäus und zwei andere von seinen Jüngern.

Simon Petrus sagte zu ihnen: „Ich will fischen gehen." Sie sagten zu ihm: „Wir gehen mit." Sie gingen also fort und bestiegen das Boot, fingen aber in jener Nacht nichts.

Als es Morgen wurde, stand Jesus am Ufer. Die

Jünger wußten freilich nicht, daß es Jesus war. Da sagte Jesus zu ihnen: „Kinder, habt ihr nichts zu essen?" Sie antworteten ihm: „Nein."

Da sprach er zu ihnen: „Werfet das Netz auf der rechten Seite des Bootes aus und ihr werdet etwas finden." Sie warfen es also aus und konnten es vor der Menge der Fische nicht mehr ziehen. Da sagte jener Jünger, den Jesus liebte, zu Petrus: „Es ist der Herr!"

Als aber Simon Petrus hörte, daß es der Herr sei, gürtete er sich das Obergewand um, denn er war nackt, und stürzte sich in den See. Die anderen Jünger kamen mit dem Schifflein, denn sie waren nicht weit vom Lande weg, so ungefähr zweihundert Ellen, und schleppten das Netz mit den Fischen nach.

Als sie an Land gingen, sahen sie ein Kohlenfeuer angemacht und einen Fisch und Brot darauf liegen.

Jesus sagte zu ihnen: „Bringt von den Fischen her, die ihr gerade gefangen habt." Da stieg Petrus hinauf und zog das Netz ans Land, das mit hundertdreiundfünfzig großen Fischen angefüllt war. Und obwohl es ihrer soviele waren, zerriß das Netz nicht.

Jesus aber sagte zu ihnen: „Kommt und eßt."

Keiner von den Jüngern wagte, ihn zu fragen: „Wer bist du?", denn sie wußten, daß es der Herr sei.

Jesus also ging hin, nahm das Brot und gab es ihnen und ebenso den Fisch. Das war schon das dritte Mal, daß Jesus seinen Jüngern erschien, nachdem er von den Toten erweckt war.

JESUS FÄHRT IN DEN HIMMEL AUF

Jesus hatte sich nach seinen Leiden seinen Jüngern lebendig vorgestellt durch viele Beweise, indem er sich durch vierzig Tage hindurch ihnen zeigte und mit ihnen über das Reich Gottes redete. Als er mit ihnen zu Tische lag, befahl er ihnen, sich nicht von Jerusalem zu entfernen, sondern „abzuwarten die Verheißung des Vaters, die ihr von mir gehört habt: ‚Johannes hat mit Wasser getauft, ihr aber werdet nach wenigen Tagen mit dem Heiligen Geist getauft werden.' Ihr werdet Kraft empfangen, wenn der Heilige Geist auf euch herabkommt, und ihr sollt meine

Zeugen sein in Jerusalem, in ganz Judäa und Samaria und bis an die Grenzen der Erde."

Jesus führte die Jünger hinaus nach Bethanien, erhob seine Hände und segnete sie. Und es geschah, während er sie segnete, schied er von ihnen.

Und wie sie ihm noch gespannt in den Himmel nachschauten, wie er hinging, siehe, da standen zwei Männer neben ihnen in weißen Gewändern und sprachen: „Ihr Männer aus Galiläa, was steht ihr da und schaut in den Himmel hinauf? Dieser Jesus, der von euch weg in den Himmel emporgehoben wurde, wird auf die gleiche Weise wiederkommen, wie ihr ihn habt in den Himmel eingehen sehn."

Darauf kehrten sie von dem Berg, der Ölberg heißt, und der nahe bei Jerusalem liegt, nur einen Sabbatweg entfernt, nach Jerusalem zurück. Dort angekommen stiegen sie in das Obergemach hinauf, in welchem sie auch weiterhin sich aufhielten.

DER APOSTEL TATEN

PFINGSTEN

Und als der Tag der Pfingsten herangekommen war, waren sie alle zusammen am gleichen Ort. Und es entstand plötzlich vom Himmel her ein Brausen, wie von einem heftig herstürmenden Winde und erfüllte das ganze Haus, wo sie saßen. Und es erschienen ihnen Zungen wie Feuer, die sich verteilten, und eine von ihnen ließ sich auf jedem von ihnen nieder, und alle wurden erfüllt mit dem Heiligen Geiste und fingen an, in anderen Sprachen zu reden, so wie der Geist es ihnen gab herauszusagen.

Es waren aber in Jerusalem wohnhaft Juden, fromme Männer aus allen Völkern unter dem Himmel. Als nun dieses Getöse entstand, kam die Menge fassungslos zusammen, weil sie die Jünger ein jeder in seiner eigenen Sprache reden hörten. Sie entsetzten sich, staunten und sagten: „Wie? Sind nicht alle diese,

die da reden, aus Galiläa? Und wie kommt es, daß wir sie hören, ein jeder in der Sprache, in der wir geboren sind?

Parther, Meder und Elamiter, Bewohner von Mesopothamien, Judäa und Kappadozien, Pontus und Asien, Phrygien und Pamphylien, Gebiete von Lybien bei Cyrene, die zugereisten Römer, Juden und Proselyten, Kreter und Araber, wir hören sie in unserer Sprache die großen Taten Gottes verkünden?"

Alle entsetzten sich und waren ratlos und sagten einer zum andern: „Was soll das bedeuten?"

Andere aber spotteten und sagten: „Sie sind voll süßen Weines!"

Da trat Petrus vor mit den Elfen (an Stelle des Judas war Matthias zum Apostel gewählt worden), erhob seine Stimme und begann seine Rede:

„Ihr jüdischen Männer und alle Bewohner Jerusalems, vernehmet meine Worte! Nicht sind, wie ihr meint, diese Männer trunken, es ist ja erst die dritte Stunde am Tag, sondern es ist durch den Propheten Joel geweissagt: ‚Es wird geschehn in den letzten Tagen, spricht der Herr, da werde ich ausgießen von meinem Geist über alles Fleisch, und eure Söhne und eure Töchter werden weissagen, und eure Jünglinge werden Gesichte schauen, und eure Alten Traumeserscheinungen haben; und auf meine Knechte und Mägde gieße ich in jenen Tagen aus von meinem Geiste, und sie werden weissagen.

Und ich werde Zeichen geben am Himmel oben und Wunder auf der Erde unten, Blut, Feuer und Rauchwolken. Die Sonne wird sich in Finsternis verwandeln und der Mond in Blut, ehe daß der Tag kommt, der große und offenbare; und es wird geschehen, jeder, der den Namen des Herrn anruft, wird gerettet werden.'"

Die nun, die sein Wort aufnahmen, wurden getauft, und es mehrten sich die Seelen auf ungefähr dreitausend. Sie hielten aber fest an der Lehre der Apostel und an der Gemeinschaft, am Brotbrechen und am Gebet. Alle wurden mit Furcht erfüllt, denn viele Wunder und Zeichen geschahen durch die Apostel.

Alle aber, die gläubig waren, hielten zueinander und hatten alles gemeinsam, Besitz und Vermögen verkauften sie und teilten alles aus, je nachdem es einer notwendig hatte. Jeden Tag verharrten sie einmütig im Tempel, brachen das Brot von Haus zu Haus und nahmen ihre Mahlzeiten ein in der Freude und Einfalt des Herzens, lobten Gott und waren beliebt beim ganzen Volke. Der Herr aber fügte jeden Tag solche hinzu, die sich retten ließen.

DER LAHME AN DER SCHÖNEN PFORTE

Petrus und Johannes stiegen um die neunte Stunde des Gebetes zum Tempel hinauf. Da wurde ein Mann, der vom Mutterleibe an lahm war, hergetragen. Den legten sie täglich an der sogenannten „Schönen Pforte“ des Tempels nieder, damit er sich ein Almosen erbitte von denen, die in das Heiligtum gingen.

Als er den Petrus und Johannes sah, die in den Tempel hineingehen wollten, bat er sie um ein Almosen.

Petrus faßte ihn scharf ins Auge, mit ihm Johannes, und sprach: „Schau uns an!“

Der aber schaute gespannt auf sie und hoffte, von ihnen etwas zu empfangen.

Petrus aber sprach zu ihm: „Silber und Gold habe ich nicht; was ich aber habe, das gebe ich dir. Im Namen Jesu Christi des Nazareners, geh umher.“ Und er nahm ihn bei der Hand und richtete ihn auf.

Sogleich kam Kraft in seine Füße und seine Knöchel, und er sprang auf und konnte gehen und ging mit ihnen in den Tempel hinein, laufend und springend und Gott lobend.

Und es sah ihn das ganze Volk wie er umherging und das Lob Gottes sang. Sie erkannten ihn aber, daß es der Gleiche war, der an der „Schönen Pforte“ des Tempels sitzend Almosen erbat und staunten und gerieten außer sich über das, was sich mit ihm zugetragen hatte.

Da er sich aber an Petrus und Johannes hing, lief das ganze Volk bei ihnen zusammen, bei der sogenannten Halle Salomons, voller Verwunderung. Als Petrus es sah, wendete er sich zum Volk und sprach:

„Ihr Männer aus Israel, was wundert ihr euch darüber und was schaut ihr uns denn so an, als ob wir aus eigener Kraft und Frömmigkeit zuwege gebracht hätten, daß dieser gehen kann?

Der Gott Abrahams und Isaaks und Jakobs, der Gott unserer Väter, hat seinen Knecht Jesus verherrlicht, den ihr ausgeliefert und vor Pilatus verleugnet habt, der richterlich entschieden hatte, ihn freizugeben. Ihr aber habt den Heiligen und Gerechten verleugnet und habt gefordert, daß ein Mörder begnadigt werde, den Herrn des Lebens aber habt ihr getötet, den Gott von den Toten erweckt hat, dessen sind wir Zeugen.“

Während sie noch zum Volke sprachen, traten die Priester und der Tempelhauptmann auf sie zu und die Sadduzäer, aufgebracht darüber, daß sie das Volk lehrten und im Namen Jesu die Auferstehung von den Toten ansagten, und sie legten Hand an sie.

DIE BEFREIUNG DER APOSTEL AUS DEM GEFÄNGNIS

Es geschah aber am anderen Morgen, daß sich die Führer und Ältesten und die Schriftgelehrten in Jerusalem versammelten und der Hohepriester Annas und Kaiphas und Johannes und Alexander und so viele ihrer aus hohepriesterlichem Geschlecht waren.

Sie sagten zueinander: „Was sollen wir mit diesen

Menschen machen? Denn, daß ein offenkundiges Wunder durch sie geschehen ist, ist allen Bewohnern Jerusalems bekannt, und wir können es nicht leugnen. Aber, damit die Sache nicht noch mehr unters Volk gebracht wird, wollen wir sie bedrohen, daß sie nicht mehr auf Grund dieses Namens zu irgend einem reden.“

Und sie riefen sie und bedrohten sie, daß sie in keiner Weise predigen noch lehren dürften im Namen Jesu.

Petrus und Johannes aber antworteten und sprachen: „Urteilt selbst, ob es vor Gott gerecht ist, mehr auf euch zu hören als auf Gott. Wir können doch nicht von dem, was wir gehört und gesehen haben, einfach schweigen?“

Sie fügten noch weitere Drohungen hinzu und ließen sie dann frei, weil sie nichts gefunden hatten, dessentwegen sie die beiden hätten bestrafen können, auch wegen des Volkes, da alle Gott wegen des Geschehenen priesen.

Es geschahen durch die Hand der Apostel große Zeichen und Wunder unter dem Volke. Es geschah sogar, daß sie ihre Kranken auf die Straße hinaustrugen und auf Betten und Tragbahren legten, damit, wenn Petrus vorbeikäme, wenigstens sein Schatten auf einen von ihnen falle. Sie kamen auch aus den umliegenden Städten von Jerusalem in Mengen und brachten ihre Kranken und solche, die von unreinen Geistern belästigt wurden, und alle wurden geheilt.

Es erhob sich aber der Hohepriester und alle, die auf seiner Seite waren, die Richtung der Sadduzäer, voll Eifersucht, und sie legten Hand an die Apostel und sperrten sie ins öffentliche Gefängnis.

Der Engel des Herrn aber öffnete bei Nacht die Türen des Gefängnisses und führte sie heraus und sprach: „Geht hin und tretet auf und sprecht im Tempel zum Volk alle Worte dieses Lebens.“ Als sie dieses gehört hatten, gingen sie in der Morgendämmerung in den Tempel und lehrten.

Sobald der Hohepriester mit seinen Leuten kam, riefen sie den Hohen Rat zusammen und alle Ältesten der Kinder Israels und schickten in das Gefängnis, um sie vorführen zu lassen. Als aber die Diener kamen, fanden sie die Apostel nicht mehr im Gefängnis.

STEPHANUS

Stephanus aber, voll Gnade und Kraft, tat große Wunder unter dem Volk. Da traten einige aus der Synagoge auf und stritten mit Stephanus; sie kamen aber nicht auf gegen die Weisheit und den Geist, der da sprach. Darum stifteten sie Männer auf, die sagen mußten: „Wir haben ihn Lästerworte gegen Moses und Gott ausstoßen hören.“

So hetzten sie das Volk auf, und die Ältesten und die Schriftgelehrten, und sie gingen auf ihn los und zerrten ihn weg und führten ihn vor den Hohen Rat und stellten falsche Zeugen auf, die sagten: „Dieser Mensch hört nicht auf, wider diese heilige Stätte und das Gesetz zu reden. Denn wir haben ihn sagen hören: ‚Dieser Jesus von Nazareth wird die heilige Stätte zerstören und die Gesetze ändern, die uns Moses gegeben hat‘.“

Und alle, die da im Hohen Rat saßen und voller Spannung zu ihm hinsahen, schauten sein Angesicht wie das Angesicht eines Engels. Der Hohepriester aber fragte: „Verhält es sich so?“

Er aber sprach: „Männer, Brüder, Väter, hört: Der Allerhöchste wohnt nicht in dem, was Menschenhände

errichtet haben; wie der Prophet sagt: ‚Der Himmel ist mein Thron, die Erde der Schemel meiner Füße. Was für ein Haus wollet ihr mir denn erbauen' spricht der Herr, und welches wäre die Stätte meiner Ruhe? Hat nicht meine Hand dies alles gemacht?'

Ihr Halsstarrigen und Unbeschnittenen an Herz und Ohren! Ihr widerstrebt allezeit dem Heiligen Geiste, wie eure Väter, so auch ihr. Welchen von den Propheten hätten eure Väter nicht verfolgt? Sie haben getötet diejenigen, die das Erscheinen des Gerechten vorhergesagt haben, dessen Verräter und Mörder ihr jetzt geworden seid, die ihr das Gesetz auf Befehl der Engel empfangen, aber nicht gehalten habt."

Als sie dies hörten, ergrimmten sie in ihren Herzen und knirschten mit den Zähnen wider ihn. Stephanus aber, voll des Heiligen Geistes, schaute zum Himmel auf und sah die Herrlichkeit Gottes und Jesus stehen zur Rechten Gottes und sagte: „Sieh, ich sehe den Himmel offen und den Menschensohn zur Rechten Gottes stehen."

Da schrien sie laut auf und hielten sich die Ohren zu und stürmten einmütig auf ihn los und warfen ihn zur Stadt hinaus und steinigten ihn.

Und die Zeugen legten ihre Kleider zu den Füßen eines jungen Mannes nieder, welcher Saulus hieß.

Sie steinigten Stephanus, der betete und sprach: „Herr Jesus, nimm meinen Geist auf"! Dann sank er in die Knie und rief mit lauter Stimme: „Herr! rechne ihnen dieses nicht zur Sünde." Und als er dies gesagt hatte, entschlief er.

SAULUS AUF DEM WEGE NACH DAMASKUS

Saulus aber verwüstete die Kirche, drang in die Häuser ein, schleppte Männer und Frauen weg und lieferte sie ins Gefängnis ein.

Saulus schnaubte noch immer Drohung und Mord gegen die Jünger des Herrn, und er kam zum Hohenpriester und erbat sich von ihm Briefe nach Damaskus an die Synagogen, damit er, wenn er einige Jünger Jesu finde, Männer oder Frauen, sie gefesselt nach Jerusalem führe.

Während er nun dahinzog in der Nähe von Da-

maskus, geschah es, daß ihn plötzlich ein Licht vom Himmel her umleuchtete, und zu Boden stürzend, hörte er eine Stimme, die sprach zu ihm: „Saul! Saul! Warum verfolgst du mich?“

Er sprach: „Wer bist du, Herr?“

Er aber: „Ich bin Jesus, den du verfolgst! Steh auf und geh in die Stadt hinein, dort wird dir gesagt werden, was du tun sollst.“

Die Männer aber, die ihn begleiteten, standen sprachlos; sie hörten wohl die Stimme, sahen aber niemanden.

Saulus erhob sich vom Boden; als er die Augen aufmachte, sah er nichts. Sie nahmen ihn also bei der Hand und führten ihn nach Damaskus. Dort war er drei Tage ohne zu sehen und er aß und trank nicht.

Es lebte aber in Damaskus ein Jünger mit Namen Ananias, zu dem sprach der Herr im Gesichte: „Ananias!“ Er antwortete: „Hier bin ich, Herr!“

Der Herr sagte zu ihm: „Steh auf und geh in die sogenannte ‚Gerade Straße‘ und fahnde im Hause des Judas nach einem Manne namens Saulus aus Tarsus. Sieh, er betet. Und er sah in einem Gesicht wie ein Mann mit Namen Ananias bei ihm eintrat und ihm die Hände auflegte, damit er wieder sehend werde.“

Ananias antwortete: „Ich habe viel über diesen Mann gehört, wieviel Böses er Deinen Heiligen in Jerusalem zugefügt hat. Und auch hier hat er Vollmacht von den Hohenpriestern, alle gefangen zu nehmen, die Deinen Namen anrufen.“

Der Herr aber sprach zu ihm: „Geh! Denn dieser dient mir als Gefäß der Auserwählung, meinen Namen zu tragen vor Heiden und Könige und die Kinder Israels. Ich werde ihm zeigen, wieviel er um meines Namens willen leiden muß.“

Ananias ging weg und kam in das Haus, und ihm die Hände auflegend, sprach er: „Bruder Saulus, der Herr hat mich gesandt, der dir auf dem Wege hierher erschienen ist, damit du wieder sehend werdest und voll des Heiligen Geistes.“

Und sofort fiel es ihm wie Schuppen von den Augen; er sah wieder, erhob sich und ließ sich taufen; er nahm Nahrung zu sich und kam wieder zu Kräften.

Er war mit den Jüngern von Damaskus einige Tage zusammen, und sogleich predigte er in den Synagogen von Jesus, daß dieser ist der Sohn Gottes.

Es gerieten aber alle, die es hörten, außer sich und sagten: „Ist das nicht der gleiche, der in Jerusalem die Verehrer dieses Namens verfolgte und hierher gekommen ist, um sie gefesselt den Hohenpriestern vorzuführen?“ Saulus aber erstarkte mehr und mehr und brachte die Juden von Damaskus durcheinander, indem er nachwies, daß dieser der Christus sei.

Manche Tage waren dahingegangen, als die Juden beschlossen, ihn zu töten. Saulus erfuhr von ihrem Anschlag. Sie bewachten die Tore bei Tag und Nacht, um ihn zu töten.

DER HAUPTMANN KORNELIUS

In Caesarea lebte ein Mann mit Namen Kornelius, Hauptmann der sogenannten italischen Kohorte; er war fromm und gottesfürchtig mit seinem ganzen Hause, gab dem Volk reichliche Almosen und betete zu Gott ohne Unterlaß.

Der sah in einem Gesichte deutlich, wie um die neunte Stunde des Tages ein Engel Gottes bei ihm eintrat und zu ihm sagte: „Kornelius!“

Er starrte ihn erschrocken an und sagte: „Was ist es, Herr?“

Er sprach zu ihm: „Deine Gebete und deine Almosen sind zu Gott emporgestiegen, und er hat ihrer gedacht. Und jetzt schicke Männer nach Joppe und laß einen gewissen Simon holen, der auch Petrus heißt. Dieser hat Herberge bei einem Gerber Simon, dessen Haus am Meere liegt.“

Als der Engel, der mit ihm sprach, gegangen war, rief er zwei von seinen Dienern und einen frommen Soldaten, von denen, die ihm ergeben waren, und er erzählte ihnen alles und schickte sie nach Joppe.

Am anderen Tage, als diese auf dem Wege waren und sich der Stadt näherten, stieg Petrus um die sechste

Stunde auf das Dach, um zu beten. Siehe, da standen die Männer, die von Kornelius geschickt worden waren und die sich nach dem Hause des Simon durchgefragt hatten, vor der Türe und riefen und erkundigten sich, ob Simon, mit dem Zunamen Petrus, hier zu Gaste sei.

Da sprach der Heilige Geist zu Petrus: „Siehe, zwei Männer suchen dich! Auf, steig hinab und geh mit ihnen ohne Bedenken zu haben, denn ich habe sie gesandt."

Da stieg Petrus zu den Männern hinab und sagte: „Ich bin es, den ihr sucht. Was hat euch hierher geführt?"

Sie sagten: „Ein Hauptmann Kornelius, gerecht und gottesfürchtig, der beim ganzen Volk der Juden den besten Leumund hat, erhielt von einem heiligen Engel den göttlichen Befehl, dich in sein Haus holen zu lassen, um deine Worte zu hören."

Da rief er sie herein und bot ihnen Herberge.

Am folgenden Tag brach er auf und ging mit ihnen, und einige von den Brüdern aus Joppe gingen mit. Am anderen Tage kamen sie nach Caesarea. Kornelius erwartete sie und hatte seine Verwandten und nächsten Freunde zusammengerufen.

Gerade als Petrus in das Haus eintreten wollte, kam ihm Kornelius entgegen, fiel ihm zu Füßen und huldigte ihm kniefällig. Petrus hob ihn auf und sagte: „Steh auf! Denn auch ich bin nur ein Mensch!"

Und während er hineinging, unterhielt er sich mit ihm, und er fand viele versammelt und sprach zu ihnen: „Ihr wißt, daß es einem jüdischen Manne durch das Gesetz verboten ist, vertrauten Umgang mit einem Nichtjuden zu haben, oder bei ihm einzukehren. Mich aber hat Gott unterwiesen, keinen Menschen unheilig oder unrein zu nennen.

Deswegen kam ich auch ohne Widerspruch, als ich gerufen wurde. Nun aber möchte ich mich erkundigen, warum ihr mich habt rufen lassen?"

Kornelius erzählte ihm, was für ein Gesicht er gehabt habe.

Da öffnete Petrus seinen Mund und sprach: „Wahrhaftig, jetzt verstehe ich, daß bei Gott kein Ansehen der Person gilt, und daß ihm bei jedem Volk angenehm ist, der ihn fürchtet und Gerechtigkeit tut. Wohl hat

er sein Wort den Kindern Israels gesandt und Frieden verkünden lassen durch Jesus Christus aber dieser ist der Herr aller.

Ihm geben Zeugnis alle Propheten, daß jeder, der an ihn glaubt, durch seinen Namen Vergebung der Sünden empfängt."

Während Petrus noch sprach, fiel der Heilige Geist auf alle, die das Wort hörten. Und die gläubigen Juden, so viele ihrer mit Petrus gekommen waren, gerieten außer sich, weil auch über die Heiden die Gabe des Heiligen Geistes ausgeschüttet wurde.

Denn sie hörten sie in Zungen reden und Gott lobpreisen.

Da sagte Petrus: „Kann denn einer das Wasser (der Taufe) denen vorenthalten wollen, die den Heiligen Geist empfangen haben wie wir?"

Er befahl also, daß sie im Namen des Herrn Jesus Christus getauft werden.

Darauf baten sie ihn, noch einige Tage bei ihnen zu bleiben.

PETRUS IM GEFÄNGNIS

IN JENER ZEIT legte der König Herodes Hand an einige aus der Kirche, um sie zu mißhandeln. So ließ er Jakobus, den Bruder des Johannes, durch das Schwert hinrichten. Als er sah, daß die Juden damit einverstanden waren, ging er noch weiter und ließ auch den Petrus ergeifen; es waren aber die Tage der Ungesäuerten Brote.

Als er ihn festgenommen hatte, setzte er ihn gefangen, und übergab ihn vier Viererschaften von Soldaten, ihn zu bewachen, denn er wollte ihn nach dem Osterfest dem Volk vorführen.

So wurde Petrus im Gefängnis bewacht. Die Kirche aber betete ohne Unterlaß für ihn zu Gott.

In jener Nacht, als Herodes den Petrus vorführen wollte, schlief Petrus zwischen zwei Soldaten, mit zwei Ketten gefesselt; andere hielten Wache vor den Toren des Gefängnisses.

Und siehe! Ein Engel des Herrn trat herzu und Licht erstrahlte im Raum. Er stieß den Petrus in die Seite, weckte ihn auf und sprach: „Steh schnell auf!" Und die Ketten fielen von seinen Händen.

Dann sprach der Engel zu ihm: „Gürte dich und ziehe deine Sandalen an!" Er tat so.

Und er sprach zu ihm: „Wirf deinen Mantel um und folge mir!"

Und er ging hinaus und folgte ihm und wußte nicht, daß Wirklichkeit war, was durch den Engel geschah; er glaubte, ein Gesicht zu sehen.

Sie gingen durch die erste Wache hindurch und die zweite und kamen zum eisernen Tor, das in die Stadt führte und das sich ihnen von selbst öffnete.

Sie traten heraus und gingen noch eine Straße weiter, und plötzlich war der Engel von seiner Seite verschwunden.

Da kam Petrus zu sich und sprach: „Nun weiß ich wahrhaftig, daß der Herr seinen Engel entboten und mich entrissen hat der Hand des Herodes und aller Erwartung des jüdischen Volkes."

Sich klar geworden, kam er zum Hause der Maria, der Mutter des Johannes, mit dem Beinamen Markus, wo viele versammelt waren und beteten.

Als er an der Türe der Halle klopfte, kam eine Magd mit Namen Rhode, um zu öffnen.

Als sie die Stimme des Petrus erkannte, vergaß sie vor Freude aufzumachen, lief vielmehr hinein und meldete, Petrus stehe vor der Türe.

Die aber sagten zu ihr: „Du bist von Sinnen." Sie aber beteuerte, es sei so.

Da sagten sie: „Es ist sein Engel."

Petrus aber fuhr fort zu klopfen. Da öffneten sie; und als sie ihn sahen, waren sie sprachlos.

Er aber gab ihnen mit der Hand einen Wink zu schweigen und erzählte ihnen, wie der Herr ihn aus dem Gefängnis herausgeführt habe und sagte: „Meldet es dem Jakobus und den Brüdern."

Und er ging fort und begab sich anderswohin.

Bei Tagesanbruch gab es keine geringe Aufregung unter den Soldaten, was denn aus Petrus geworden sei.

Herodes aber ließ nach ihm suchen, und als er ihn nicht fand, verhörte er die wachhabenden Soldaten und ließ sie abführen (zum Tode).

DIE REISEN DES APOSTELS PAULUS

45—48 n. Chr.: *Erste Missionsreise des heiligen Paulus.*

48—49 n. Chr.: *Der Kampf um die Freiheit vom Gesetz. Auseinandersetzung mit Petrus in Antiochien.*

49—52 n. Chr.: *Zweite Missionsreise: Wieder über das Taurusgebirge. In Mazedonien, Athen, Korinth. Die beiden Briefe nach Thessalonich.*

53—58 n. Chr.: *Dritte Missionsreise: Zum drittenmal über den Taurus. Ephesus. Galaterbrief; 1. Korintherbrief; Flucht; 2. Korintherbrief; Winter in Korinth. Römerbrief.*

58—60 n. Chr.: *Gefangennahme in Jerusalem; zwei Jahre Haft in Caesarea.*

61—63 n. Chr.: *Erste römische Gefangenschaft Die 4 Gefangenschaftsbriefe.*

IN LYSTRA

IN LYSTRA trafen Paulus und Barnabas einen Mann, der nicht auf den Füßen stehen konnte. Er war lahm vom Mutterleibe an und er hatte noch nie gehen können. Der hörte Paulus predigen.

Dieser schaute ihn prüfend an und als er sah, daß er Glauben hatte, er könne gesund werden, sagte er zu ihm mit lauter Stimme: „Steh aufrecht auf deine Füße!" Er sprang auf und konnte gehen.

Als das Volk sah, was Paulus getan hatte, schrien sie laut auf lykaonisch: „Die Götter sind in Menschengestalt zu uns herabgestiegen"; und sie nannten den Barnabas Zeus, den Paulus aber Hermes, weil er der Wortführer war.

Der Priester des Zeus aber, dessen Heiligtum vor der Stadt lag, brachte Stiere und Kränze zu den Stadttoren und wollte mit dem Volk opfern.

Als aber Paulus und Barnabas hörten, was vor sich

ging, zerrissen sie ihre Kleider und sprangen mitten unter die Leute, schrien und sagten: „Ihr Männer, was macht ihr denn da? Auch wir sind Menschen wie ihr! Wir verkünden euch die Frohe Botschaft, euch abzuwenden von diesen nichtigen Götzen, hin zum lebendigen Gott, der den Himmel gemacht hat und die Erde und das Meer und alles, was in ihnen ist.

Der hat in den vergangenen Geschlechtern alle Heidenvölker ihre Wege gehen lassen.

Und doch hat er sich nicht unbezeugt gelassen; er hat Segen gespendet und euch vom Himmel her Regen gegeben und fruchtbare Zeiten, er hat euch mit Nahrung gesättigt und Frohsinn des Herzens."

Mit solchen Worten beschwichtigten sie das Volk.

DES EUTYCHUS STURZ AUS DEM FENSTER

AM ERSTEN Tag der Woche, als wir versammelt waren, um das Brot zu brechen, (in Troas) war Paulus im Gespräch mit den Anwesenden. Weil er am anderen Tag abreisen wollte, dehnte er seine Rede bis Mitternacht aus.

Es waren aber viele Lampen im Obergemach, wo wir beieinander waren.

Ein junger Mann, mit Namen Eutychus, der im Fenster saß, versank in tiefen Schlaf, während Paulus immer weiter sprach, und, vom Schlaf überwältigt, stürzte er vom dritten Stockwerk hinab und wurde tot aufgehoben.

Paulus ging hinab, beugte sich über ihn, und, ihn umarmend, sagte er: „Macht keinen Lärm, es ist noch Leben in ihm."

Dann ging er hinauf, brach das Brot und aß und unterhielt sich noch lange bis zum Tageslicht; dann ging er.

Den jungen Mann aber führten sie lebendig fort und waren nicht wenig getröstet.

ABSCHIED VON EPHESUS

Von Milet aus schickte Paulus nach Ephesus und ließ die Ältesten der dortigen Kirche rufen. Als sie gekommen waren, sprach er zu ihnen: „Ihr wißt, wie ich mich vom ersten Tag an, an dem ich Asien betrat, die ganze Zeit unter euch benommen habe. Und nun ziehe ich im Geist gefesselt nach Jerusalem; was mir dort bevorsteht, weiß ich nicht; nur eben, daß mir der Heilige Geist von Stadt zu Stadt bezeugt, daß mich Fesseln und Trübsale erwarten.“

PAULUS IN JERUSALEM

Als die sieben Tage fast zu Ende waren, sahen die Juden aus Asien den Paulus im Tempel und brachten das ganze Volk in Aufruhr, legten Hand an ihn und schrien: „Ihr Männer von Israel: Hilfe! Das ist der Mensch, der überall gegen das Volk, gegen das Gesetz und gegen diesen Ort zu allen spricht und obendrein Griechen in den Tempel geführt und diese heilige Stätte entweiht hat.“

Die ganze Stadt geriet in Bewegung, und es kam zu einem Volksauflauf; sie ergriffen den Paulus und zogen ihn zum Tempel hinaus, und unverzüglich wurden die Türen geschlossen.

Sie wollten ihn umbringen, als die Meldung zum Obersten der Kohorte drang, ganz Jerusalem stehe in Aufruhr. Der nahm sofort Soldaten und Hauptleute und eilte zu ihnen hinab.

Als sie aber den Obersten sahen und die Soldaten, hörten sie auf, Paulus zu schlagen.

Da näherte sich der Oberst und ließ Paulus verhaften und befahl, ihn mit zwei Ketten zu fesseln und fragte, wer er sei und was er getan habe.

Jeder aus dem Haufen schrie ihm aber etwas anderes zu. Da er wegen des Tumultes nichts Sicheres erfahren konnte, befahl er, ihn in die Kaserne zu führen.

Als er aber an die Treppe kam, mußte er von den Soldaten getragen werden, weil der Haufe ungestüm zudrängte.

Denn die ganze Volksmenge ging nach und schrie: „Fort mit ihm!“

PAULUS IN LEBENSGEFAHR

Die Juden machten einen Anschlag auf Paulus und verschworen sich, nicht zu essen und zu trinken, bis sie ihn getötet hätten.

Der Schwestersohn des Paulus hörte von dem Anschlag, eilte fort und kam in die Kaserne und meldete es Paulus.

Paulus ließ einen von den Hauptleuten rufen und sagte: „Führe diesen jungen Mann zum Obersten! Er hat ihm etwas zu melden.“

Der Oberst ließ zwei von den Hauptleuten kommen und sagte: „Stellt zweihundert Soldaten bereit — es geht nach Caesarea — siebzig Reiter und zweihundert Lanzenträger von der dritten Stunde der Nacht an. Sie sollen auch Tiere bereithalten und den Paulus daraufsetzen, um ihn unversehrt zum Statthalter Felix zu bringen.“

PAULUS VOR DEM STATTHALTER FELIX

Einige Tage danach traf Felix ein mit seiner Gemahlin Drusilla, die Jüdin war, und ließ den Paulus kommen und hörte ihn über seinen Glauben an Christus Jesus.

Als er aber von Gerechtigkeit sprach und Enthaltsamkeit und dem kommenden Gerichte, geriet Felix in Unruhe und sagte: „Für den Augenblick kannst du gehen; zu gelegener Zeit werde ich dich wieder kommen lassen.“

Zugleich hoffte er von Paulus Geld zu bekommen. Deswegen beschied er ihn öfter zu sich und unterhielt sich mit ihm.

Nach zwei Jahren erhielt Felix einen Nachfolger in der Person des Porcius Festus.

Da er sich den Juden gefällig erweisen wollte, ließ Felix den Paulus gefangen zurück.

PAULUS APPELLIERT AN DEN KAISER

Drei Tage nachdem Festus in die Provinz eingezogen war, ging er von Caesarea nach Jerusalem. Die Ersten unter den Juden erbaten sich von ihm die Gunst, daß er den Paulus nach Jerusalem bringen lasse; sie wollten ihn unterwegs töten.

Festus fragte den Paulus: „Bist du einverstanden nach Jerusalem hinaufzugehen und dort von mir gerichtet zu werden?“

Paulus antwortete: „Ich stehe vor dem Richterstuhl des Kaisers, so muß ich auch von ihm gerichtet werden. Ich habe den Juden kein Unrecht getan, wie du selbst am besten weißt. Ich lege Berufung ein an den Kaiser.“

SCHIFFBRUCH AUF DEM WEG NACH ROM

Als aber beschlossen war, daß wir nach Italien abfahren sollten, übergab man den Paulus und einige andere Gefangene einem Hauptmann mit Namen Julius von der Kaiserlichen Kohorte.

Wir bestiegen ein Schiff aus Adramyttium und fuhren ab; bei uns war Aristarch, ein Mazedonier aus Thessalonich.

Tags darauf landeten wir in Sidon, und Julius, der

Paulus freundlich behandelte, erlaubte ihm, die dortigen Freunde aufzusuchen und ihre Fürsorge in Anspruch zu nehmen.

Von dort ging es weiter der Küste von Cypern entlang, da wir Gegenwind hatten, und wir kamen nach Myra in Lykien. Dort fand der Hauptmann ein Schiff aus Alexandrien, das nach Italien fuhr, und wir schifften uns auf ihm ein.

Viele Tage ging die Fahrt nur langsam vorwärts und mit Mühe erreichten wir Knidos, ohne daß uns der Wind das Landen erlaubt hätte. Mit Mühe fuhren wir Kreta entlang und kamen an einen Ort, der „Schöner Hafen“ heißt, nahe bei Lasaia.

Da nun schon ziemlich viel Zeit verstrichen und die Schiffahrt bereits gefährlich geworden war — das Fasten (am Versöhnungstag) war schon vorbei — warnte Paulus: „Männer, ich sehe es kommen, daß wir nicht weiter fahren können, ohne die Fracht des Schiffes und unser Leben der Gefahr auszusetzen.“

Der Hauptmann aber horchte mehr auf den Steuermann und den Kapitän als auf das, was Paulus sagte.

Da aber der Hafen ungeeignet war, dort zu überwintern, entschieden sich die meisten, von dort weiterzufahren und womöglich Phönix auf Kreta zu erreichen und dort zu überwintern.

Da Südwind einsetzte, glaubten sie ihren Plan durchführen zu können und fuhren ab.

Gleich darauf brach ein Sturm los; das Schiff wurde fortgerissen und kämpfte vergebens gegen den Sturm; wir ergaben uns und ließen uns treiben.

Während wir an einer kleinen Insel hinliefen, konnten wir uns, wenn auch mit Mühe, des Rettungsbootes bemächtigen. Da uns der Sturm heftig bedrängte, warfen sie am andern Tag Ladung über Bord, und am dritten Tage warfen sie mit eigener Hand die Ausrüstung des Fahrzeuges weg. Mehrere Tage schienen weder Sonne noch Sterne, während der Sturm gewaltig wütete und jede Hoffnung auf Rettung schwand. Schon lange aßen sie nicht mehr.

Da trat Paulus in ihre Mitte und sprach: „Ihr Männer, ihr hättet mir folgen und nicht von Cypern abfahren sollen; dem verdanken wir das Ungemach und diesen Schaden. Doch auch jetzt ermahne ich euch, guten Mutes zu sein. Keiner von euch wird das Leben verlieren; nur das Schiff ist verloren. Denn in dieser Nacht trat zu mir ein Engel des Herrn, dem ich zu eigen bin und dem ich diene, und sprach zu mir: ‚Fürchte dich nicht, Paulus! Du mußt vor den Kaiser treten. Gott hat dir alle geschenkt, die mit dir fahren.‘ Deswegen seid guten Mutes, ihr Männer; denn ich vertraue auf Gott, daß es so kommen wird, wie er mir gesagt hat. Wir müssen an einer Insel stranden.“

Als die vierzehnte Nacht hereingebrochen war und wir noch immer in der Adria herumtrieben, glaubten die Seeleute um Mitternacht, daß Land in der Nähe sei.

Als aber Matrosen versuchten, vom Schiff zu fliehen und das Rettungsboot ins Meer ließen, sprach Paulus zum Hauptmann und den Soldaten: „Wenn die nicht im Schiff bleiben, könnt ihr nicht gerettet werden.“

Da hieben die Soldaten die Taue des Rettungsbootes ab und ließen es ins Meer fallen. Als es Tag werden wollte, forderte Paulus alle auf, Nahrung zu sich zu nehmen: „Heute sind es schon 14 Tage, daß ihr ohne zu essen und etwas zu euch zu nehmen in Spannung seid und wartet. Deshalb bitte ich euch, nehmt etwas zu euch. Denn das wird euch zur Rettung dienlich sein. Keiner von euch wird auch nur ein Haar seines Hauptes verlieren."

Als er das gesagt hatte, nahm er Brot, dankte Gott vor aller Augen, brach es und fing an zu essen.

Da faßten alle Mut und nahmen Nahrung zu sich. Wir waren aber alle auf dem Schiff zweihundertsechsundsiebzig Seelen. Nachdem sie sich gesättigt hatten, erleichterten sie nochmals das Schiff, indem sie auch die Getreideladung hinaus ins Meer warfen.

Bei Tag gerieten sie auf eine Sandbank und ließen das Schiff auflaufen. Das Vorderteil saß fest und bohrte sich ein, das Hinterteil aber drohte unter der Wucht der Wogen zusammenzubrechen.

Schon machten die Soldaten Miene, die Gefangenen zu töten, damit keiner fortschwimme und fliehe.

Der Hauptmann aber wollte Paulus retten und hinderte sie, ihre Absicht auszuführen. Er befahl, daß zuerst die, welche schwimmen könnten, über Bord springen und versuchen sollten, das Land zu erreichen; die andern aber auf Planken oder auf irgendwelchen Schiffsteilen.

Und so kam es, daß sich alle ans Land retten konnten."

PAULUS IN MALTA

Erst als wir gerettet waren, erfuhren wir, daß die Insel Malta hieß. Die Barbaren aber erwiesen uns keine alltägliche Menschenfreundlichkeit. Sie machten Feuer und holten uns alle wegen des Regens, der eingetreten war und wegen der Kälte.

Als aber Paulus einen Haufen Reisig zusammenraffte und ihn auf das Feuer legte, schoß wegen der Hitze eine Natter heraus und biß ihn in die Hand.

Als die Barbaren das Tier an seiner Hand hängen sahen, sagten sie zueinander: „Sicher ist dieser Mensch ein Mörder, den, nachdem er dem Meer entronnen ist, die Rache nicht am Leben läßt."

Paulus aber schleuderte das Tier ins Feuer und erlitt keinen Schaden.

Sie aber warteten darauf, daß sich Schwellungen zeigen und er plötzlich tot umfalle.

Als sie aber lange genug gewartet hatten und sahen, daß nichts Ungewöhnliches an ihm geschah, änderten sie ihre Meinung und sagten, er sei ein Gott.

In der Umgebung jenes Ortes lag ein Landgut, das dem vornehmsten Manne der Insel namens Publius gehörte; er nahm uns drei Tage lang auf und bewirtete uns freundlich.

Den Vater des Publius, der an Fieber und Ruhr schwer daniederlag, besuchte Paulus; betend legte er ihm die Hände auf und heilte ihn.

Auf das hin kamen auch die anderen Kranken, die es auf der Insel gab, und wurden geheilt. Sie überhäuften uns mit Ehren als wir weiterfuhren und versahen uns mit dem, was wir brauchten."

PAULUS IN ROM

Wir kamen endlich nach Rom. Von dort kamen uns die Brüder, die gehört hatten, was uns zugestoßen war, entgegen bis Forum Appii und Tres Tabernae. Bei ihrem Anblick dankte Paulus Gott und faßte neuen Mut.

Als wir nach Rom gekommen waren, erhielt Paulus die Erlaubnis für sich zu bleiben, mit einem Soldaten als Wächter.

Obwohl die Meinung der Juden in Rom über die neue Sekte — so sahen sie die junge Kirche — geteilt war, lebte Paulus fast zwei Jahre bei ihnen in einem Mietshause und predigte vom Reiche Gottes und legte Zeugnis ab für unseren Herrn Jesus Christus, ohne daß ihn jemand hinderte.

AUS DEN BRIEFEN DES PAULUS

GLAUBE HOFFNUNG LIEBE

Und wenn ich mit Menschen-, ja mit Engelszungen redete, hätte aber die Liebe nicht, so wäre ich ein tönendes Erz und ein dröhnendes Becken. Und wenn ich die Gabe der Weissagung hätte und wenn ich alle Geheimnisse wüßte und alle Erkenntnis hätte, und wenn ich einen Glauben hätte, der Berge versetzte, hätte aber die Liebe nicht, so wäre ich nichts. Und wenn ich all meine Habe austeilen und wenn ich meinen Leib hingeben würde zum Verbrennen, hätte aber die Liebe nicht, es nützte mir nichts.

Die Liebe ist geduldig; ist gütig; die Liebe eifert nicht; die Liebe tut nicht groß; die Liebe überhebt sich nicht, sie handelt nicht unschicklich; sie geht nicht auf das Ihrige aus; sie läßt sich nicht erbittern; sie rechnet das Böse nicht vor; sie freut sich nicht über das Unrecht, aber sie hat Freude an der Wahrheit; alles erträgt sie, alles glaubt sie; alles hofft sie, alles duldet sie.

Die Liebe ist unbezwinglich. Ob Prophetien — sie werden vergehen; ob Zungen — sie werden aufhören; ob Erkenntnis — sie wird ein Ende nehmen. Denn stückweise erkennen wir und stückweise prophezeien wir.

Wenn aber das Vollkommene erscheint, wird abgetan, was Stückwerk ist.

Als ich ein Kind war, redete ich wie ein Kind, dachte ich wie ein Kind, urteilte wie ein Kind; jetzt, wo ich ein Mann geworden bin, habe ich abgetan, was zum Kinde gehört.

Jetzt sehen wir durch einen Spiegel, in Rätseln; dann aber von Angesicht zu Angesicht. Jetzt erkenne ich stückweise; dann aber werde ich erkennen, so wie ich selbst erkannt bin.

Nun aber bleibt Glaube, Hoffnung, Liebe, diese drei; das Größte unter ihnen aber ist die Liebe."

DES CHRISTEN WAFFENRÜSTUNG

Endlich: Werdet stark im Herrn und in der Kraft seiner Stärke. Ziehet an die Vollrüstung Gottes, damit ihr den Schlichen des Teufels gewachsen seid. Denn wir haben einen Kampf zu führen, nicht bloß gegen Fleisch und Blut, sondern auch gegen die Mächte, gegen die Gewalten, gegen die Weltherrscher dieser Finsternis, gegen die verworfenen Geister in den Höhen.

Deswegen nehmt auf die Vollrüstung Gottes, damit ihr am bösen Tage widerstehen könnt und Sieger bleibt, nachdem ihr alles überwunden habt.

Stehet also, eure Lenden umgürtet mit der Wahrheit, angetan mit dem Panzer der Gerechtigkeit, eure Füße getragen von der Bereitschaft für das Evangelium des Friedens.

Alles in allem: Nehmt den Schild des Glaubens, damit ihr alle feurigen Geschosse des Bösen ersticken könnt! Nehmt den Helm des Heils und das Schwert des Geistes, das da ist das Wort Gottes."

PAULUS ÜBER SICH SELBST

Ich sage es noch einmal: Niemand halte mich für unvernünftig. Wozu einer den Mut aufbringt — ich rede unvernünftig — dazu bringe ich auch den Mut auf: Sie sind Hebräer? Ich auch. Sie sind Israeliten? Ich auch. Sie sind Abrahams Samen? Ich auch. Sie sind Diener Christi? Ich rede wie um den Verstand gekommen: Ich noch mehr — in Mühen überreich, in Gefangenschaften überreich, in Schlägen über die Maßen; in Todesgefahren vielmals.

Von den Juden habe ich fünfmal die Vierzig (Schläge) weniger einen erhalten; dreimal wurde ich mit Ruten geschlagen; einmal gesteinigt; dreimal habe ich Schiffbruch erlitten; eine Nacht und einen Tag trieb ich auf hoher See.

Die vielen Wanderungen (nicht zu vergessen), Gefahren auf Flüssen, Gefahren von Räubern, Gefahren von den Volksgenossen, Gefahren von Heiden, Gefahren in der Stadt, Gefahren in der Wüste, Gefahren auf dem Meer, Gefahren von Seiten falscher Brüder. Diener Christi bin ich in Mühsal und Beschwerde, in vielen durchwachten Nächten, bei Hunger und Durst, bei vielem Fasten, in Kälte und Blöße; darüber hinaus, was ich unerwähnt lasse, der tägliche Andrang zu mir, die Sorge für alle Gemeinden.“

DES APOSTELS ABSCHIED

Du aber sei nüchtern in allem; ertrage Ungemach; tu das Werk eines Evangelisten; erfülle deinen Dienst. Denn ich werde schon hingeopfert, und die Zeit meiner Auflösung ist gekommen. Ich habe den guten Kampf gekämpft, den Lauf vollendet, die Treue gehalten. Nun liegt für mich der Kranz der Gerechtigkeit bereit, den mir der Herr geben wird an jenem Tage, der gerechte Richter; doch nicht mir allein, sondern allen, die seine Erscheinung lieb gehabt haben.

Der Herr trat an meine Seite und hat mir Kraft gegeben, damit durch mich die Botschaft zur Erfüllung komme und alle Heiden sie hören. Der Herr wird mich bewahren vor jeder bösen Tat und mich retten in sein himmliches Reich. Ihm sei Ehre von Ewigkeit zu Ewigkeit. Amen.“

SCHAU DER HIMMLISCHEN GLORIE

Und ich sah einen neuen Himmel und eine neue Erde. Denn der erste Himmel und die erste Erde waren vergangen; und das Meer ist nicht mehr. Und ich sah die Stadt, das heilige neue Jerusalem, herabsteigen vom Himmel, von Gott her, bereitet wie eine Braut, geschmückt für ihren Mann.

Und ich hörte eine mächtige Stimme vom Thron her sprechen: „Siehe das Zelt Gottes bei den Menschen! Er wird unter ihnen zelten und sie werden seine Völker sein und er selbst, Gott, wird unter ihnen sein und er wird abwischen alle Tränen von ihren Augen, und der Tod wird nicht mehr sein, und es wird nicht mehr sein Leid noch Klage noch Mühsal."

Und er trug mich weg im Geiste auf einen großen und hohen Berg und zeigte mir die Stadt, die heilige, Jerusalem, wie sie herabkam aus dem Himmel her von Gott, tragend an sich den Wunderglanz Gottes. Ihr Licht gleicht einem sehr kostbaren Steine, einem Jaspissteine, kristallen funkelnd.

Der Einbau ihrer Mauer ist Jaspis und die Stadt reines Gold, reinem Glase gleich. Die Grundsteine der Mauer der Stadt sind geschmückt mit allem kostbaren Stein.

Und die zwölf Tore waren zwölf Perlen; jedes Tor war aus einer einzigen Perle, und die Straße der Stadt reines Gold, wie Glas durchsichtig.

Und einen Tempel sah ich nicht in ihr. Denn der Herr, Gott, der Allherrscher, ist ihr Tempel, und das Lamm.

Und die Stadt bedarf der Sonne nicht, noch des Mondes, daß sie ihr scheinen. Denn Gottes strahlende Herrlichkeit hat sie erleuchtet, und ihre Leuchte ist das Lamm.

GEHEIMNIS DER EWIGKEIT

Und er zeigte mir einen Lebenswasserstrom, glänzend wie Kristall, entspringend am Throne Gottes und des Lammes; inmitten ihrer Straße und dem Strom hüben und drüben, ein Lebensbaum, Früchte tragend zwölfmal, jeden Monat seine Frucht spen-

dend, und die Blätter des Baumes sind zur Heilung der Völker.

Und der Thron Gottes und des Lammes wird in ihr sein und seine Knechte werden ihm dienen, und sie werden schaun sein Angesicht und sein Name ist auf ihren Stirnen.

Und Nacht wird nicht mehr sein und sie bedürfen nicht mehr des Fackellichtes noch des Lichtes der Sonne, denn Gott, der Herr wird leuchten über ihnen und sie werden Könige sein in alle Ewigkeit.

Ich, Jesus, habe meinen Engel gesandt, um auch dieses zu bezeugen vor den Kirchen. Ich bin die Wurzel und das Geschlecht Davids, der strahlende Morgenstern. Und der Geist und die Braut sagen: „Komm!"

Wer Durst hat, komme her; wer will, empfange umsonst Wasser des Lebens.